Elfi Beck

Single mit Vision

Für Singles, die auf ihren Ehepartner warten

GloryWorld-Medien

1. Auflage 2017

© 2017 Dr. med. Elfi Beck

© 2017 GloryWorld-Medien, Xanten, Germany

Alle Rechte vorbehalten

Bibelzitate sind, falls nicht anders gekennzeichnet, der Thompson Studienbibel 1984 nach der Übersetzung Martin Luthers entnommen. Weitere Bibelübersetzungen:

HFA: Hoffnung für alle, Basel und Gießen, 1983
LUT: Rev. Lutherbibel von 1984 bzw. 2017
REÜ: Elberfelder Bibel, Revidierte Fassung von 1985
SLT: Schlachter 2000
NLB: „Neues Leben. Die Bibelübersetzung", Holzgerlingen, 2002

Das Buch folgt den Regeln der Deutschen Rechtschreibreform. Die Bibelzitate wurden diesen Rechtschreibregeln angepasst.

Lektorat: Dr. Dorit Bieneck
Satz: Manfred Mayer
Umschlaggestaltung: Jens Neumann, www.icancreative.de

Fotos: pixabay und privat

ISBN: 978-3-95578-333-4

Bestellnummer: 356333

Erhältlich beim Verlag:

GloryWorld-Medien
Beit-Sahour-Str. 4
D-46509 Xanten
Tel.: 02801-9854003
Fax: 02801-9854004
info@gloryworld.de
www.gloryworld.de

oder in jeder Buchhandlung

Elfi Beck

Single mit Vision

EMPFEHLUNGEN

„Single mit Vision" klingt herausfordernd, weil es für viele Menschen in diesem Stand eher frustrierend als aufregend und visionär ist. Die meisten Singles leiden darunter, insbesondere die Christen, die nicht auf kurzfristige Beziehungen und One-Night-Stands aus sind. Doch wie finde ich den richtigen Partner? Muss ich ewig Single bleiben, ist das meine Bestimmung? Viele haben Angst vor Beziehungen und ziehen sich zurück.

Die Single-Haushalte wachsen in unseren Breitengraden enorm an. Auch in christlichen Gemeinden wächst der Anteil der Singles. Wie gehen wir damit um? Wie können wir insbesondere jungen Menschen helfen, eine gesunde Partnerschaft anzugehen und zu leben. Elfi Beck gibt mit diesem Büchlein eine großartige praktische Hilfe; es ist ein exzellenter Ratgeber und Wegweiser für Singles, die sich mit diesem Thema auseinandersetzen. Ihre zum Teil auch prophetischen Gedanken, sind sehr ermutigend und regen an, jeden Lebensbereich und Lebensabschnitt für die große Vision Gottes zur Verfügung zu stellen.

Edwin Jung
Pastor der Pfingstgemeinde Braunau
Vorsitzender/Superintendent FCGÖ

Durch unsere eigene bewegte Geschichte, unsere mittlerweile zwölfjährige Ehe und unseren gemeinsamen vollzeitlichen Dienst wissen wir, wie absolut entscheidend es ist, auf dem gleichen Fundament zu stehen – JESUS. Die grundlegende Entscheidung, Jesus durch alles hindurch zu vertrauen, ihm gehorsam zu sein und sich immer wieder und wieder durch seine Gnade verändern zu lassen, muss in unserem Herzen geschehen, wenn wir ihm nachfolgen wollen. *Und diese Entscheidung – die wir immer wieder treffen – ist das beste Fundament für dich und deinen zukünftigen Ehepartner.*

Als wir „Single mit Vision" gemeinsam gelesen haben, sagten wir immer wieder: „Oh genial, dieses Büchlein müssen wir unbedingt dem und dem geben!" oder: „Hey, es wäre so gut, wenn wir dieses Büchlein bereits verteilen könnten." Wir sind überzeugt, dass dich dieses Büchlein segnen wird. Es wird dich ermutigen und inspirieren, deine Single-Zeit nicht mehr als „Wartezeit" zu sehen, sondern als einen kostbaren Lebensabschnitt, in dem du gute Entscheidungen für dein Leben treffen und dich von Jesus vorbereiten und verändern lassen kannst. Das Büchlein spricht ganz praktische Themen deines Single-Lebens an und wird dir Richtungsweisung geben, wie du in allen Bereichen ein hingegebenes und erfülltes Leben führen kannst – ein Leben in seinem wunderbaren, perfekten, liebevollen und einzigartigen Plan für dich.

Wir kennen Elfi Beck als eine wunderbare, hingegebene Frau, die Jesus leidenschaftlich liebt und ihm von Herzen dient und nachfolgt. Es ist kostbar, dass sie in diesem Büchlein ihre Erkenntnisse und Erlebnisse und „das Land", das sie durch ihr eigenes Kämpfen und Dranbleiben eingenommen hat, weitergibt. Du wirst gesegnet sein!

Claudio & Claudia Killias
Verein jesusrettet.ch

Dass eine Single-Frau ein Buch über ihren Zivilstand schreibt, ist selten, und so eines, wie Elfi es geschrieben hat, noch seltener.

Das ist ja ein Jüngerschaftsbuch, war meine erste Reaktion. Da lernen Menschen ihren Stand als das Beste, das es für sie jetzt gibt, zu akzeptieren, zu lieben und zu umarmen. Da lernen Menschen ihren Stand zu akzeptieren, sich nach Gott auszustrecken und sich für ihre Berufung und zukünftige Ehe vorzubereiten. Das ist Spitzenklasse. Genau so soll es sein. Lernen, seinen Stand zu lieben und den heutigen Tag als den besten deines Lebens zu lieben. Weil er jetzt ist. Weil du geliebt bist und der Vater nur das Beste vorhat; weil du entdecken darfst, wer du bist, und deine Begabungen und Talente im Alltag und in der Gemeinde voll entfalten darfst. Kurz, dein Leben zu lieben und in Wahrheit anzubeten.

Elfi zeigt verschiedene Punkte auf und lädt die Leser ein, sich mit diesen Fragen auseinanderzusetzen. Sie macht das auf ihre persönliche, akribische und entspannte Art. Immer wieder bricht ihre Leidenschaft für das Reich Gottes durch. Sie schreibt das Büchlein so, wie sie lebt: 100% dabei und engagiert, sei es als Christin, sei es als Ärztin oder als Missionarin in Afrika oder als Volunteer in einem Ministry irgendwo auf der Welt.

Kurt Häfeli
Gemeindeleitung / Leitung Erwachsenen-Ministries FCG Aarau

Viel Leid könnte verhindert werden, wenn Singles sich rechtzeitig mit ihrer persönlichen Berufung auseinandersetzen würden. Gerade dieses wichtige Thema wird oft, vor lauter Schmetterlingen im Bauch, außer Acht gelassen. Später, in der Ehe, sorgt genau dieses Thema dann für Furore. Die enge Beziehung mit dem Heiligen Geist ist dabei das Wichtigste in diesem Prozess. Er ist der beste Coach und hat für jeden einen individuellen Trainingsplan.

Das vorliegende Buch ist authentisch und entspricht dem, wie wir Elfi kennen. Ihre Erfahrung als Ärztin bringt einen guten Wind ins Thema. Ihre Beziehung zum Heiligen Geist und ihr Glaube zeigen eine erstaunliche Reife, die den Leser auf eine Reise mitnimmt. Im Flughafen des Lebens gibt es manchmal auch Verspätungen, da die Menschen einen freien Willen haben. Ich kann dieses Buch (auch für „Nicht-mehr-Singles"), wärmstens weiterempfehlen.

Elisabeth Blaser
D u. E Blaser Ministries

Jesus verspricht uns ein Leben in der Fülle und das nicht erst, wenn wir verheiratet sind. Wenn wir mit einer Einstellung von „Wenn, dann" unser Leben leben, verpassen wir so viel von dem, was Gott für uns parat hat. „Wenn ich verheiratet bin, dann kann ich ..." ist eine Einstellung, die uns Leben raubt. Wir müssen nicht warten, bis wir unseren Partner gefunden haben, um glücklich zu sein.

Sich selbst lieben zu lernen, weil wir erleben wie sehr uns Gott liebt, bildet das Fundament um unseren Nächsten lieben zu können: „Du sollst deinen Nächsten lieben wie dich selbst" (Mt 22,39). Wenn wir uns selbst nicht lieben können bzw. uns keine Zeit nehmen uns von Gott lieben zu lassen, werden wir es nicht schaffen unseren Nächsten oder unseren Partner zu lieben.

Wie genial also, dass wir die Zeit als Single dazu nutzen können, uns von Gott lieben zu lassen und uns selbst lieben zu lernen, damit wir dann unseren Ehepartner lieben können.

„Single mit Vision" wird dir helfen zu entdecken, dass du jetzt Leben in der Fülle haben kannst und dass du dich jetzt geliebt fühlen kannst. Es gibt dir Vision in der Zeit als Single und befähigt dich, erfüllt und siegreich in den Plänen Gottes zu wandeln.

Silvan Carabin
Leiter junge Erwachsene FCG Aarau; Schulleiter/CEO SLA-Aarau
Autor von „Wer bin ich?"; www.silvancarabin.com

INHALT

WIDMUNG

Ich widme dieses Buch allen Singles,
die auf ihren Ehepartner warten
und von einer Ehe träumen,
wie sie Gott für Mann und Frau erdacht hat.

Gott steht zu seinen Verheißungen und ist treu!

Sei ermutigt 😊

VORWORT

Eine Vision für das eigene Leben zu empfangen, ist immens wichtig. Es setzt aber ein Sehen voraus: innere offene Augen, um das zu sehen und zu empfangen, was im Unsichtbaren liegt. Eine übergeordnete Perspektive ist wie ein Leuchtturm an der Küste des Meeres. Bei schönem Wetter braucht ihn niemand, bei Sturm und Unwetter wird er überlebenswichtig. Eine Vision gibt Orientierung, um auf Kurs zu bleiben. Sie ist ein Hoffnungsschimmer der Wahrheit in der Dunkelheit.

Den ersten Kontakt mit Elfi werde ich wohl nie mehr vergessen. Nach ihrer Mailanfrage für die Teilnahme an einem Kurs zum Thema „prophetisch Dienen", den ich leitete, telefonierten wir miteinander. Nach ein paar vorsichtig abtastenden Fragen, begann sie mir zu erzählen, wie sie Jesus begegnet ist und welch großartige Dinge er ihr gezeigt hat. Wie ein sprudelnder Bach strömte Hoffnung und Vision aus ihrem Reden.

Inzwischen ist Elfi mit im prophetischen Dienst an meiner Seite, und es ist für mich ein Privileg, an ihrem erfüllten und überfließenden Leben teilhaben zu dürfen.

Mit Sicherheit kann ich sagen, dass Elfi sehen kann. Sie sieht mit ihren geistlichen Augen die Geschenke und Verheißungen, welche der himmlische Vater für die Menschen bereitgestellt hat. Die Kombination von „Sicht haben für das eigene Leben" und ihrem unerschrockenen und mutigen Ja zu Jesus, macht sie zu einem explosiven Gemisch. Die Liebe in ihrem Herzen für die Menschen ist ihre Antriebskraft, und dadurch tritt sie als Frau auf, die etwas zu sagen hat.

13

Singlesein ist ihr Status, aber nicht ihre Identität. Elfi lebt ein erfülltes Leben mit einer klaren Vision; sie kennt die Melodie ihres Herzens und folgt der Stimme ihres Geliebten – Jesus.

Es hat sie allen Mut gekostet, die Botschaft in diesem Buch festzuhalten, um sie Menschen zugänglich zu machen, die eine klare Vision des Himmels für ihr Leben wollen.

Egal, welchen Beziehungsstatus du gerade hast, du sollst mit diesem Buch herausgefordert werden, deine Vision für dein Leben zu empfangen. Nicht der zukünftige Ehepartner definiert deine Berufung, sondern du und Jesus auf dem Abenteuerweg des Lebens.

Indem Elfi dich in ihre eigene Lebensgeschichte mit hineinnimmt, zeigt sie dir, was es heißt, „all in", also komplett in IHM zu leben. Sie hat ihr ganzes Herz mit all ihren Träumen und Wünschen in die Hände von Jesus gelegt und vertraut ihm voll und ganz, dass er der beste Partnervermittler ist, den es gibt. Sie ist bereit, sich ehrlich dem Prozess des Wartens zu stellen, ohne selbstgebaute Abkürzungen zu nehmen oder sich die Beziehung zu Gott trüben zu lassen.

Als seine geliebte Tochter weiß sie, dass das Beste noch vor ihr liegt.

Ruth Truttmann
Leiterin der prophetischen Künste und Schulungen der FCG-Aarau
Künstlerin (www.truth-art.ch)
Autorin des Kinderbuches *Die Reise zum König*

EINLEITUNG

Lieber Leser, zunächst wünsche ich dir eine wunderbare Zeit, während du diese Zeilen liest. Du hältst ein Büchlein über Gottes Pläne in unserer Zeit für hingegebene gläubige Singles in den Händen. Sei bereit für den Heiligen Geist, um dich von ihm inspirieren zu lassen und konkret zu dir zu sprechen. Lade ihn ein!

Du hast am Ende eines jeden Kapitels (bei den Anwendungen bzw. Herausforderungen und Notizen) Raum, um wichtige Dinge aufzuschreiben, die dir in den Sinn kommen. Nimm dir Zeit und einen Stift und suche einen (stillen) Ort auf, wo du nicht gestört wirst.

Das Büchlein ist in drei Abschnitte geteilt:

♛ Teil 1: Visionen über Singles und praktische Vorbereitung

♛ Teil 2: Grundlagen: Was sagt die Bibel über Mann und Frau, Ehefindung und Eheleben?

♛ Teil 3: Meine Geschichte

Ich bete, dass du eine Begegnung mit dem Vaterherzen Gottes bekommst, eine Umarmung und einen Kuss des Himmels und dass dein Herz seine heilsame Liebe erfährt.

Wieso gibt es dieses Büchlein?

Es entstand aus einer Prophetie heraus, die mehrfach von verschiedenen prophetischen Diensten bestätigt wurde. Gehorsam werde ich nun einige meiner Tagebuchauszüge veröffentlichen. Es hat mich wirklich etwas gekostet, aber es soll Gott zur Ehre dienen und viel Frucht bringen, wenn der Heilige Geist dadurch zu dir spricht.

Denn gleichwie der Regen und Schnee vom Himmel fällt und nicht wieder dahin zurückkehrt, sondern feuchtet die Erde und macht sie fruchtbar, und lässt wachsen, dass sie gibt Samen zu säen und Brot zu essen, soll das Wort, das aus meinem Munde geht auch sein: So soll das Wort nicht wieder leer zu mir zurückkommen, sondern wird tun, was mir gefällt, und ihm wird gelingen, wozu ich es sende (Jesaja 55,10-11).

Du wirst dich fragen, wer ich bin und wie ich dazu komme, so ein Büchlein zu verfassen. Nun, ich bin eine Single-Frau, liebe Jesus, bin Ärztin, seit einigen Jahren mit Gott unterwegs und eingebettet in gute, transparente Beziehungen. Meine Vorstellungen von meinem zukünftigen Mann sind grundsätzlich realistisch und entsprechen keinem Ideal.

Was aber tun, wenn du noch kein Ja zu einer Person des anderen Geschlechts gefunden hast oder Gott es nicht bestätigt hat? Es steht ein großes WARUM da, und es hinterlässt eine Leere, die nicht so schnell gefüllt werden kann. Ich habe diesbezüglich auf eine Antwort von Gott gewartet und ihn gebeten, mich, wenn nötig, auch zu korrigieren. Einmal sprach er sanft in mein Herz: „Ich mache nicht irgendetwas in deinem Leben. Ich habe einen guten, wunderbaren Plan".

So bekam ich in der Zeit, als ich Gott wegen dieser Angelegenheit suchte, immer wieder Himmelsvisionen in der Anbetung, die sehr eindeutig zu mir gesprochen haben. Und genau diese soll ich nun mit euch teilen, da ich weiß, dass sie nicht nur für mich bestimmt sind.

„In den letzten Tagen", spricht Gott, „werde ich meinen Geist über alle Menschen ausgießen. Eure Söhne und Töchter werden weissagen; eure alten Männer werden prophetische Träume und eure jungen Männer Visionen haben" (Joel 3,1 NLB).

Frage den Heiligen Geist, was Gott für dich speziell in diesem Büchlein bereitgestellt hat.

👑 👑 👑 Notizen 👑 👑 👑

TEIL 1

Visionen über Singles und praktische Vorbereitung

Ohne prophetische Offenbarung verwildert das Volk

Sprüche 29,18 REÜ

KAPITEL 1

Vision: Menschen am Ertrinken

In einer Anbetungszeit spürte ich Gottes Gegenwart sehr stark und bekam folgende Vision: Ich stehe auf einem Kriegsschiff. Im Meer sind viele Menschen, die um Hilfe schreien, hoffnungslos verzweifelt. Sie sind am Ertrinken. Ich werfe Rettungsringe aus, welche alle mit einem Seil verbunden sind. Irgendwie gelingt es, diese Menschen vor dem Ertrinken auf das Schiff zu holen. Ich fragte: „Warum stehe ausgerechnet ich auf diesem Kriegsschiff?" Daraufhin erhalte ich folgende Antwort: „Weil du dich entschlossen hast, auf den Partner zu warten, den ich für dich habe. Du bist voller Hoffnung und Zuversicht, weil du eine Vision in deinem Herzen trägst und in der Wartezeit einen Sinn gefunden hast."

Und Gott sprach zu mir: „Viele Singles sind am Ertrinken. Sage ihnen, dass ich sie liebe, dass ich sie nicht vergesse und einen wunderbaren Plan für sie habe."

Denn ich weiß wohl, was ich für Gedanken über euch habe, spricht der Herr, Gedanken des Friedens und nicht des Leidens, dass ich euch gebe das Ende, des ihr erwartet. Und ihr werdet mich anrufen und hingehen und mich bitten, und ich werde euch erhören. Ihr werdet mich suchen und finden, denn wenn ihr mich von ganzem Herzen suchen werdet, so will ich mich von euch finden lassen (Jeremia 29,11-14).

Wir befinden uns in einem geistlichen Krieg, und das Schlachtfeld sind die Gedanken! Nicht jeder Gedanke bringt gute Frucht. Wir müssen erkennen, welchen falschen Gedankenmustern wir nachhängen. Ziehen sie uns nach unten oder bauen sie uns auf? Von welcher Quelle werden sie beeinflusst – dem Zeitgeist, dem weltlichen Denken der Gesellschaft? Welchen Lügen glauben wir?

Wir Singles sind von Gott nicht weniger geliebt als Verheiratete!

Mehr als alles andere hüte dein Herz, denn daraus geht das Leben aus (Sprüche 4,23 REÜ).

Mehr als alles andere behüte dein Herz; denn von ihm geht das Leben aus (Sprüche 4,23 SLT).

Wie der Mensch in seinem Herzen denkt, so ist er (Sprüche 4,23; wörtl. aus der „King James Bibel").

Denn aus dem Herzen kommen böse Gedanken: Mord, Ehebruch, Hurerei, Dieberei, falsche Zeugnisse, Lästerung. Das sind die Dinge, die den Menschen unrein machen (Matth. 15,19-20).

Wir müssen unsere Gedanken sorgsam wählen und können nicht einfach drauf los denken, egal, was uns so in den Sinn kommt. Dafür gibt es noch immer keine Medikamente!

Wir müssen uns *entscheiden*, das Gute zu denken und zu tun! Es ist ebenfalls unsere Entscheidung, uns von dem Heiligen Geist führen zu lassen. Dazu einige sehr wertvolle Bibelstellen zum Nachsinnen:

Weiter liebe Brüder (liebe Schwestern), alles was wahrhaftig ist, was ehrbar, was gerecht, was rein, was liebenswert, was einen guten Ruf hat, sei es eine Tugend, sei es ein Lob – darauf seid bedacht (Philipper 4,8).

Und stellt euch nicht dieser Welt gleich, sondern ändert euch durch die Erneuerung eures Sinnes, damit ihr prüfen könnt, was Gottes Wille ist: nämlich das Gute und Wohlgefällige und Vollkommene (Römer 12,2).

Erneuert euch aber in eurem Geist und Sinn und zieht den neuen Menschen an, der nach Gott geschaffen ist in wahrer Gerechtigkeit und Heiligkeit (Epheser 4,23 LUT).

Denn obgleich wir im Fleisch wandeln, so kämpfen wir doch nicht nach Art des Fleisches; denn die Waffen unseres Kampfes sind nicht fleischlich, sondern mächtig durch Gott zur Zerstörung von Festungen, sodass wir Vernunftschlüsse zerstören und jede Höhe, die sich gegen die Erkenntnis Gottes erhebt, und jeden Gedanken gefangen nehmen zum Gehorsam gegen Christus (2. Korinther 10,3-6 SLT).

Was sollen wir mit den negativen Gedanken machen? Wir nehmen diese falschen, negativen und uns zu Boden ziehenden Gedanken und sagen: **STOP!** Wir übergeben sie Jesus Christus und ersetzen sie durch die biblischen Verheißungen, die der Heilige Geist uns zeigt, um sie laut auszusprechen.

**Du musst zurückschießen,
und zwar mit einer großen Ladung des lebendigen Wortes,
das für deine (spezielle) Lebenssituation passt!**

Je öfter wir über das Gute, Gottes Wort, seine Gedanken, seine Verheißungen nachdenken, desto schneller erleben wir Siege auf diesem Gebiet. Wenn der Teufel dir einredet: „Du wirst diese Aufgabe nie schaffen!" oder: „Du wirst nie heiraten!", dann ersetze diesen Gedanken z. B. mit Philipper 4,13 (SLT):

Ich vermag alles durch den, der mich stark macht.

Gott arbeitet gerade an uns beiden und führt uns zum richtigen Zeitpunkt zusammen, um ein großer Segen zu sein.

Es ist nicht gut, dass der Mensch alleine sei, ich will ihm eine Gehilfin machen, die um ihn sei (1. Mose 2,18 LUT).

23

Anwendungen/ Herausforderungen:

❖ Welche Gedanken ziehen dich zu Boden?

Ersetze diese Gedanken jedes Mal, wenn sie wiederkommen, mit einer Verheißung, die Gott dir gibt. Mit der Zeit bekommst du Übung darin und es wird dir leichter fallen, falsche Gedanken zu identifizieren und gegen Gottes Wahrheiten auszutauschen.

Frage Gott, was für einen wunderbaren Plan er für dich hat. Was hindert dich daran ihn umzusetzen? Ein altes Sprichwort sagt, der Weg beginnt mit vielen kleinen Schritten. Man könnte auch sagen: der Weg beginnt mit vielen kleinen Gehorsamsschritten ;-)

 Notizen

KAPITEL 2

Vision: Wartezeit ist Vorbereitungszeit

Während meiner stillen Zeit hatte ich einmal eine sehr starke Vision. Ich befand mich plötzlich im Himmel, wo Jesus mich an der Hand nahm und mir einen Raum zeigte. Ich ging hinein und war mitten in einem Ballsaal aus der Barockzeit, in dem wunderschöne vornehme Menschen waren, Männer und Frauen. Edel im Benehmen, Aussehen und Kleidung; in ihren Händen trugen sie alle ein „WARTE-Schild". „Was bedeutet das?", fragte ich Jesus. Er sagte mir: „Das sind diejenigen die sich freiwillig entschlossen haben, auf den Ehepartner zu warten, den ich ihnen zuführen werde." „Ah, interessant, und wie kommt es dann dazu?", fragte ich neugierig. Gott sagte: „Das WARTEN ist nichts anderes als eine Vorbereitungszeit für ihre **BERUFUNG.** Auf diesen Ehen, die von mir gestiftet sind, wird ein gewaltiger, überdimensionaler Endzeitsegen und eine Endzeitbestimmung ruhen, welche Nationen, Familien, Völker usw. betreffen."

Das ist „himmlisch-überdimensional" phantastisch:

Dem aber, der über alles hinaus zu tun vermag, über die Maßen mehr, als wir erbitten oder erdenken, gemäß der Kraft, die in uns wirkt (Epheser 3, 20 ELB).

Dafür braucht es ein Fundament; die Vorbereitungs- oder Wartezeit ist keine Bestrafung.

Wenn Gott den Partner früh schenkt, weil die Bedingungen passen, dann preisen wir Gott. Wenn es dauert, bis wir beschenkt werden, weil beide noch nicht bereit sind (oder einer der Partner es noch nicht ist), dann preisen wir Gott ebenfalls und segnen, was er in uns im Unsichtbaren tut. Du weißt nicht, durch welche Umstände und Kämpfe dein zukünftiger Ehepartner gegangen ist oder gerade geht. Sei jetzt schon ein Segen und bete für deinen Partner. Vielleicht betest du ihn gerade „durch" und er bekehrt sich von ganzem Herzen zu Jesus und will ihm nachfolgen.

Tut alles ohne Murren und ohne Zweifel (Philipper 2,14).

Bleibt dran und werft Eure Zuversicht nicht weg. Es wird sich erfüllen, worauf ihr hofft. Aber ihr müsst standhaft bleiben und tun was Gott von euch erwartet. Er wird euch alles geben, was er zugesagt hat (Hebräer 10,35 HFA).

Er gebe dir, was du von Herzen wünschst, was du dir vorgenommen hast, lasse er gelingen! (Psalm 20,5 HFA).

Diese von Gott vorbereiteten Partner bringen den jeweiligen anderen in die Fülle, welche Gott für beide und ihre Berufung vorgesehen hat. So ist es ein vollkommenes Geschenk Gottes (was aber nicht bedeutet, dass man an der Ehebeziehung und an sich selbst nicht arbeiten muss!).

Ich denke, dass Gott einen Partner schenken wird, der uns herausfordert, Jesus ähnlicher zu werden, und dessen Begabungen unsere ergänzen. Es wird nicht perfekt sein, aber viel besser, als man es sich jetzt vorstellen kann und somit himmlisch vollkommen.

Alle gute Gabe und alle vollkommene Gabe kommt von oben herab, von dem Vater des Lichts, bei dem keine Veränderung ist noch Wechsel des Lichts und der Finsternis (Jakobus 1,17).

Ich vergesse was dahinten ist, und strecke mich aus nach dem, was vorne ist, und jage nach dem vorgesteckten Ziel, dem Siegespreis der himmlischen Berufung Gottes in Christus Jesus (Philipper 3,13.14).

... dass ihr erfüllt werdet mit der Erkenntnis seines Willens, in aller geistlichen Weisheit und Einsicht; dass ihr dem Herrn würdig lebt, ihm in allen Stücken gefallt und Frucht bringt in jedem guten Werk, und wachst in der Erkenntnis Gottes (Kolosser 1,9-11).

Gott wird Berufungen für Ehen austeilen, und deshalb ist es so wichtig, dass beide Partner dieselbe oder eine ähnliche Vision für ihr Leben haben. Die Vision wird sich ergänzen: **"One vision and not division"** ("Eine Vision und keine Entzweiung").

Ich habe einige Freunde, die für ihren von Gott erwählten Partner gebetet haben und, noch bevor sie sich verliebt hatten, wussten, dass sie zusammengehören. Dies geschah durch ein Wort der Erkenntnis in ihrem Geist. Sie erkannten sich zuerst im Geist. Anfangs entsprachen sie in ihren Vorstellungen nicht ganz einander – aber sie verstanden sich sehr gut und hatten eine starke Einigkeit im Geist. Bald darauf verliebten sie sich dann auch.

Heute sind sie verheiratet und in einem gemeinsamen Dienst tätig. Sie sind Vorbilder für mich, und einige sind bereits seit über zwanzig Jahren verheiratet. Gott hat sie durch seinen Geist zusammengeführt. Was für ein Zeugnis! Sie passen wirklich optimal zusammen und ergänzen sich prima!

Gott führt Partner unterschiedlich zusammen – gemäß ihrem Glauben! Da ist Gott sehr kreativ!

Dir geschehe nach deinem Glauben (vgl. Matthäus 9,29).

Gott wird nicht nur zu einer Person sprechen, sondern immer zu beiden! Und er wird es auch zusätzlich bestätigen. Alles andere wäre Manipulation, wie etwa: "Gott hat mir gesagt, du wirst mein Ehepartner." Wenn Gott dir das nicht bestätigt (mit Liebe und Freude), dann ist dieses Wort bestimmt nicht für dich! Auch kannst du nicht für eine spezielle Person beten, damit sie dann dein Partner wird; das fällt auch unter Manipulation.

Gott wird nicht zwei Personen wie Marionetten zusammenführen, aber seine Führung wird klar erkennbar und deutlich sein! Er schenkt Liebe füreinander und kennt auch unseren Geschmack. Er wird dir nicht jemanden zuführen, bei dem die Chemie nicht stimmt. Gott, als ein liebender Vater, will nur das Beste für seine Söhne und Töchter. Er hat einen Plan und eine Berufung für uns. Er weiß, wie wir uns entwickeln werden und wo wir in zehn Jahren stehen. Er schenkt das Wollen und das Vollbringen nach seinem Wohlgefallen (vgl. Philipper 2,13 LUT).

Grundsätzlich ist unser Verstand gedämpft, wenn wir verliebt sind. Wir sehen alles rosarot, sind nicht mehr nüchtern und tragfähig für weise Entscheidungen. Aber um die zweitwichtigste Entscheidung in deinem Leben zu treffen, braucht es Gottes Führung und ganz viel Weisheit. Die erste und wichtigste Entscheidung ist es, dein Leben Jesus zu übergeben (siehe Anhang).

Vielleicht müssen wir erst einmal selber leer werden und unseren Wünschen sterben, damit Gott uns das geben kann, was wir brauchen und für was wir bestimmt sind.

Wenn ein Kind seinen Vater um ein Stück Brot bittet, wird er ihm dann einen Stein geben? Wenn es um einen Fisch bittet, wird er ihm etwa eine giftige Schlange anbieten? Wenn schon ihr hartherzigen, sündigen Menschen euern Kindern Gutes gebt, wie viel mehr wird euer Vater im Himmel denen gute Gaben schenken, die ihn darum bitten! (vgl. Matthäus 7,9-11).

**Gott will das Beste für dich
und er liebt dich mit der größtmöglichen Liebe.**

Er liebt dich so sehr, dass er für dich gestorben ist. Wer würde das heute für dich tun, nur damit du nicht verloren gehst? Niemand außer ihm (vgl. 1. Johannes 4,9-10).

Wenn Gott dich im Leib deiner Mutter gemacht hat (vgl. Psalm 139), dann hat er auch deinen Partner gemacht, und er kennt euch beide. Gott schaut auf das Herz. Er weiß, wie ihr tickt, und vor allem weiß er, wie ihr euch in den nächsten Jahren entwickeln werdet. Er weiß, wo ihr in zehn Jahren steht, welche „Riesen" ihr getötet und welche „Länder" ihr in Besitz genommen habt. Ist es da nicht unumgänglich, Gott um Weisheit, Rat und Führung zu fragen?

Als ich Gott einmal fragte, warum auch so viele christliche Ehen geschieden werden, antwortete er: „Es gibt viele christliche Ehen, die ich nicht gestiftet habe." Wir müssen es von Anfang an richtigmachen, um nicht am Schluss zu murren und Gott womöglich anzuklagen. Wir gehören nicht mehr uns selbst, wenn wir Christus angehören. Er hat so viel bessere und höhere Gedanken als wir. Wir haben die Ameisenperspektive, aber Gott hat die Weltallperspektive. So hat er es mir einmal erklärt. Auch müssen wir vorher wissen, um was es eigentlich geht: Zuerst Hingabe an Gott und dann Hingabe an deinen Ehepartner, denn nur aus Gott kannst du deinen Liebestank wirklich füllen.

Es ist auch verständlich, dass man an seiner Ehebeziehung arbeiten darf und Zeit und Geld in seelsorgerliche Schulungen und Workshops (wie z. B. „Couple Couching" oder „Liebe in der Ehe") investieren soll. Auch, denke ich, ist es von Bedeutung, dass beide zum Zeitpunkt einer beginnenden Ehe persönlich füreinander bereit sind, dass sie alte Verletzungen aufgearbeitet haben und reif sind, ein neues gemeinsames Leben zu starten.

**Das wichtigste für die Zeit hier auf der Erde ist,
dass wir eine Liebesbeziehung zu Gott haben
und wissen, wofür Gott uns geschaffen hat,
nämlich gemeinsam mit ihm zusammenzuarbeiten,
um den Himmel auf die Erde zu bringen!**

Wenn ich einmal im Himmel bin, möchte ich schon gerne hören: *„Du tüchtiger und treuer Knecht, du bist über Wenigem treu gewesen, geh hinein zu deines Herrn Freude!"* (vgl. Matthäus 25,21).

Seine Geschöpfe sind wir, in Christus Jesus dazu geschaffen, in unserem Leben die guten Werke zu tun, die Gott für uns im Voraus bereitet hat (Epheser 2,10).

Werke, die vorbereitet sind, werden nicht verbrennen, sondern belohnt und sehr fruchtbar sein (vgl. 1. Korinther 3,15). Ohne ihn können wir nichts tun (vgl. Johannes 15,1-8).

Anwendungen/ Herausforderungen:

Lieber Single, der Partner, den Gott für dich hat, wird deine Berufung und Vision teilen oder ergänzen und dich dabei fördern und nicht bremsen! Lass dir von Gott deine Berufung zeigen, schreibe sie auf.

👑 👑 👑 Notizen 👑 👑 👑

Vielleicht denkst du gerade: „Aber ich habe doch gar keine Berufung, das ist für andere, sie können Dinge besser als ich." Diesen Satz darfst du als Lüge entlarven und ihn sofort ans Kreuz nageln. Tausche ihn gleich aus! Und ersetze ihn durch das, was Gott dir stattdessen gibt.

 Notizen

Er hat uns selig gemacht und berufen mit einem heiligen Ruf, nicht nach unseren Werken, sondern nach seinem Ratschluss und nach der Gnade, die uns gegeben ist in Jesus Christus vor der Zeit der Welt (2. Timotheus 1,9).

... ein Leib und ein Geist, wie ihr auch berufen worden seid zu einer Hoffnung eurer Berufung (Epheser 4,4).

Denn wir sind sein Werk, geschaffen in Christus Jesus zu guten Werken, die Gott zuvor bereitet hat, dass wir darin wandeln sollen (Epheser 2,10).

In der Fortsetzung meiner Vision vom Ballsaal zeigte mir Gott, was für Lügen gegen diese Menschen kommen, die auf ihren Partner warten. **Wieder kommen diese Lügen in Form von Gedanken!**

Vielleicht denkst du gerade:

- ❖ Gott hat mich vergessen!
- ❖ Hat Gott wirklich eine(n) Partner(in) für mich?
- ❖ Alle anderen haben eine/n Partner/in, nur ich nicht!
- ❖ Habe ich Gott verpasst?!?
- ❖ Was ist nicht okay mit mir?
- ❖ Wie lange muss ich noch warten?
- ❖ Hat Gott wirklich das Beste für mich?

Diese Gedanken gilt es zu verweisen und am Kreuz zu verabschieden! Falls dir diese Gedanken bekannt vorkommen, bedenke, dass sie sehr destruktiv sind und gezielt auf Singles abgeschossen werden, mit dem Ziel, sie von ihrem Weg mit Gott und ihrer Berufung abzuhalten und sie anderweitig zu verführen!

Ersetze Lügen durch Gottes Verheißungen und proklamiere diese über deinem Leben.

... der das Nichtseiende ruft, wie wenn es da wäre (Römer 4,17 ELB).

Tod und Leben sind in der Gewalt der Zunge, und wer sie liebt, wird ihre Frucht essen (Sprüche 18,21).

 Notizen

 Notizen

Rufe dir in Erinnerung, was Gott im Buch Jeremia 29,11 über dich sagt: *„Denn ich weiß wohl, was ich für Gedanken über euch habe, spricht der Herr: Gedanken des Friedens und nicht des Leidens, dass ich euch gebe das Ende, des ihr wartet!"*

Welche Lüge(n) glaube ich?

Notizen

Anwendungen/ Herausforderungen:

Gib diese Lügen Gott, bring sie ans Kreuz. Verabschiede dich von den destruktiven Gedanken, tue Buße, dass du sie geglaubt hast. Bitte Gott, dir zu zeigen, was er dir dafür gibt. Schreibe es auf und sprich es laut aus!

Du kannst auch gerne über Gottes Wahrheiten und Verheißungen tanzen oder sie malen. Vielleicht machst du dir auch eine Proklamationsliste, indem du die Wahrheiten/Verheißungen Gottes aufschreibst und über deinem Leben laut aussprichst, wann immer es dir in den Sinn kommt.

 Notizen

KAPITEL 3

Vorbereiten – aber wie?
Praktische Anregungen

a) Heiliger Geist

Im Gleichnis der klugen Jungfrauen aus Matthäus 25 lesen wir, dass sie Öl mitgenommen haben. Öl ist ein Symbol des Heiligen Geistes. Und damit sollten wir in den letzten Tagen mehr als abgefüllt sein!

Ermuntert einander mit Psalmen und Lobgesängen und geistlichen Liedern, singt und spielt dem Herrn in eurem Herzen und sagt Dank Gott, dem Vater, allezeit für alles, im Namen unseres Herrn Jesus Christus (Epheser 5,19-20).

Lass dir Wohlgefallen die Rede meines Mundes und das Gespräch meines Herzens, vor dir, Herr, mein Fels und mein Erlöser (Psalm 19,15).

Der Heilige Geist alleine weiß, wie du dich auf deinen Weg mit Gott in Berufung und Ehe vorbereiten sollst; lass ihn die Führung übernehmen. Bitte ihn einfach, dir zu helfen.

Und jetzt etwas konkreter: Vielleicht legt er dir aufs Herz, regelmäßig Fürbitte für deine Gemeinde, die Mission und bestimmte Menschen zu tun oder eine Ausbildung (z. B. Bibelschule) zu machen. Vielleicht leitet er dich an, auf Kinder von Freunden aufzupassen, oder aber du solltest mehr auf deine Figur achten und mit Sport anfangen. Anderen empfiehlt er, doch mal einen Kochkurs zu besuchen. Es kann auch sein, dass der Heilige Geist dir aufs

Herz legt, ein Mentoring zu genießen, in die Seelsorge oder in ein Sozo[1] zu gehen, oder vielleicht sogar, bei einem Missionseinsatz dabei zu sein? Versuche dich gesund zu ernähren und Bewegung und Sport im Alltag einzuplanen.

Ein Spruch aus dem Talmud (bedeutendes Schriftwerk des Judentums) sagt: *„Achte auf deine Handlungen, denn sie werden deine Gewohnheiten, achte auf deine Gewohnheiten, denn sie bilden deinen Charakter."* Es gibt so viele Möglichkeiten, die Freizeit aktiv zu nutzen, wenn du nicht zu viel arbeitest (nicht über 40 Stunden pro Woche). Halte dich geistig, seelisch und körperlich fit!

b) Beziehungen – einige Anregungen

Bete für die richtige Umgebung und geisterfüllte Beziehungen. Es ist wichtig, in einer Atmosphäre der Ehre gedeihen zu dürfen. Adlige des Geistes achten andere höher als ihre eigene Person und sind demütig für Korrektur, weil sie wissen, es geht nicht um sie selbst, sondern um den König und sein Reich, um Frieden im Königreich! Das sollte man schon vor der Ehe praktizieren. Umgib dich mit Menschen (Christen), von denen du lernen kannst, also auch mit Ehepaaren und Familien, nicht nur mit Singles; plane regelmäßig Zeit dafür ein. Habt Spaß, unternehmt etwas und genießt die Zeit miteinander im Austausch und um voneinander zu lernen.

Wer mit den Weisen umgeht, der wird weise, wer aber der Toren Geselle ist, der wird Unglück haben (Sprüche 13,20 LUT).

Die Menschen, mit denen du dich umgibst, werden deinen Charakter prägen, dich entweder näher zu Jesus führen oder dich von ihm entfernen.

---

[1] Sozo stammt vom griechischen Wort Soteria ab und heißt so viel wie „errettet, geheilt und befreit". Es ist ein Dienst für innere Heilung und Befreiung. Sozo hilft die Beziehung zu Gott zu heilen und ermöglicht dir in die eigene Bestimmung zu kommen. Dieser Dienst hat seinen Ursprung in der Bethel Church von Redding, Kalifornien.

Zieht nicht am fremden Joch mit den Ungläubigen. Denn was hat die Gerechtigkeit zu schaffen mit der Ungerechtigkeit? Was hat das Licht für Gemeinschaft mit der Finsternis? (2. Korinther 6,14 LUT).

Damit ist nicht gemeint, dass wir kein Herz für Verlorene haben sollen. Wir sollten aber nicht unbedingt eine engere Beziehung mit ihnen erwägen beziehungsweise unter ein und dasselbe Joch mit ihnen gehen. „Unter ein Joch gehen" (griech. „heterozygeo") wird in der Bibel als eheliche Gemeinschaft bezeichnet. Paulus warnt uns, einen Nichtchristen zu heiraten und damit unter ein „fremdes Joch" zu gehen. Wenn sich der Nichtchrist bekehrt und seine Lebensveränderung über einen gewissen Zeitraum hinweg sichtbarwird, also nicht nur dem Partner zuliebe, wäre es natürlich etwas anderes. In all dem braucht es viel Weisheit und Führung des Heiligen Geistes!

c) Stärken und Schwächen

Einmal fragte ich Gott: „Was ist wichtig in der Ehe?" Er antwortete mir: „Den anderen in seine Berufung ‚hineinzulieben'!" Die Stärken und Schwächen des anderen anzunehmen, seine Stärken hervorzuheben, seine Schwächen in Liebe zuzudecken und ihm zu helfen. Die Frage ist: Kannst du mit den Schwächen des anderen leben, falls er sich in den nächsten zehn Jahren nicht ändert?

Wie sieht es denn mit deinen Schwächen aus? Würde dein Partner damit zurechtkommen? Frage deine Freunde als Testversuch, ob sie dich heiraten würden. Würdest du dich selber, so wie du gerade bist, als Ehepartner wählen?

Gibt es noch Süchte in deinem Leben? Pornographie, Essstörung, Kaufsucht, Tratsch, TV-Sucht, Computerspiele? Bist du zu oft auf Facebook? Wo fehlt dir noch Ausgewogenheit, wo musst du den Heiligen Geist noch an dir arbeiten lassen?

Wir werden nie perfekt sein, aber hoffentlich dennoch Jesus immer ähnlicher. Wir sind Gottes Baustelle, aber trotz gegenwärtigen Umbauarbeiten und Renovierungen vollends und unwiderruflich geliebt und wertgeschätzt!

**Gott kennt uns und liebt uns trotzdem.
Ist das nicht wunderbar?**

Das soll und muss für eine gesunde Ehe das Fundament unseres Lebens sein: Gottes Liebe, die wir alle nicht verdient haben, die uns aber ohne Wenn und Aber umhüllt.

Anwendungen/Herausforderungen

Bitte Gott, dir zu zeigen, was für eine Veränderung gerade ansteht.

❖ Was möchte Gott dir schenken?

❖ Wo brauchst du noch Hilfe?

❖ Vielleicht brauchst du eine echte, verbindliche Freundschaft, in der du dich jemandem anvertrauen kannst, um gemeinsam darüber zu beten.

❖ Nimm dir Zeit zu hören, wie du dich konkret vorbereiten kannst.

 Notizen

 Notizen

Gott wird deine Schritte auch immer wieder bestätigen und dich in der Vorbereitung voranbringen. Wenn du mal falsch liegst, wird er dich liebevoll korrigieren und dorthin lenken, wo er dich haben will.

Die Pläne werden zunichte, wo man sich nicht berät, wo aber viele Ratgeber sind, gelingen sie (Sprüche 15,22).

Bete für geisterfüllte Ratgeber. Ratgeber ist aber nicht gleich Ratgeber! Jeder hört und sieht nur entsprechend seinem eigenen Gottesbild, und dabei kommt es darauf an, wie heil dieses Bild ist. Letztendlich müssen wir den Rat, den wir bekommen, auch immer selber prüfen. Wir werden eines Tages vor Gott stehen und für unsere Entscheidungen und Taten Rechenschaft ablegen müssen. Wir sollen alle Menschen ehren, aber Gott nachfolgen!

♛ ♛ ♛ Notizen ♛ ♛ ♛

KAPITEL 4

In die Berufung kommen und ein geheiltes Herz empfangen

Es passierte wieder in einer Anbetungszeit vor dem Herrn, als er mir folgende Vision gab: Ich stand vor ganz vielen Menschen, die sich auf einer Bühne befanden. Mir war irgendwie klar, dass es diejenigen vom Ballsaal waren. Alle waren in Uniform gekleidet, mit Hütchen und Diplom in der Hand. Gott sprach zu mir: „Sie haben es geschafft, sie haben ihre Berufung gefunden und ihr Herz heilen lassen, jetzt sind sie *ready to marry* (bereit zu heiraten)! Das Diplom war die Heiratsurkunde.

Man kommt natürlich auch schon als Single in die Berufung und nicht nur dann, wenn man verheiratet ist. Die Aussage: „Wenn ich mal verheiratet bin, dann werden wir das und das für Gott tun", ist eine Verzögerung und hindert uns daran, jetzt am Reich Gottes zu bauen! Wenn du jetzt nicht am Reich Gottes baust, und zwar in erster Linie an deinem Herzen (Zeit mit Gott), sowie in der Gemeinde oder für die Mission und in Bezug auf deine Finanzen, dann wirst du auch nicht daran bauen, wenn du einmal einen Partner bzw. eine Familie hast.

Lieber Single, der Partner, den Gott für dich hat, wird deine Berufung und Vision teilen und dich darin fördern und ergänzen – und nicht bremsen! Dann ist sie/er von Gott. Bevor das alles aber passieren kann, musst du in deine Berufung kommen. Höchstwahrscheinlich ist diese größer, als du es dir zutraust. Wunderbar! Gott hat große Pläne für seine Kinder, weil er sich darin verherrlichen will und zeigen möchte, wie gut er ist.

Es braucht nur ein **JA** und dann viele kleine Gehorsamsschritte, und die **ganze GNADE vom Himmel ist auch dabei!** Also, pack es an!!! Denn bei Gott ist kein Ding unmöglich (vgl. Lukas 1,37; Markus 9,23), und nichts ist unmöglich, dem der da glaubt.

**Träume groß als sein Königskind,
denn du träumst seine Träume!**

Und was dann? Jeder Weg beginnt mit kleinen Schritten, Schritt für Schritt. Erinnerst du dich an die zuvor genannten Gehorsamsschritte? Fange an, im Kleinen treu zu sein (Arbeit/Gemeinde/Freizeit), wo du gerade bist, und setzte deine Talente ein.

Anwendungen/ Herausforderungen:

❖ Fange an, Gott zu fragen, wo dein Platz ist in seinem Reich, und dann gehe Schritte in diese Richtung.

❖ Vertrau dich einem Leiter an. Es kann auch sein, dass ein Leiter auf dich zukommt und dich fragt, ob du irgendwo mitarbeiten willst. Oft findet der Dienst dich!

❖ Welche Träume hast du?

❖ Was würdest du gerne machen, wenn Geld keine Rolle spielt?

 Notizen

Wir alle haben besondere, wenn auch unterschiedliche, Talente in Bezug auf Arbeit und Freizeit von Gott bekommen (vgl. Matthäus 25,14-30 und Lukas 12,26). Was sind deine Gaben? Was machst du sehr gerne? Dort wird auch deine Berufung liegen. Vergiss nicht, dass Talente Leihgaben sind. **Aus uns selbst heraus können wir NICHTS. Wir müssen IHM dafür die Ehre geben; es sind seine Talente, die wir verwalten dürfen.**

Beneide andere nicht und vergleiche dich nicht mit ihnen! Sei mutig, du selbst zu sein und zu deinen Begabungen und Begrenzungen zu stehen. Du wirst entdecken, dass dich andere Menschen wunderbar ergänzen und dir auch helfen können, wo du es nötig hast. Umgekehrt darfst du auch andere Menschen ergänzen und ihnen helfen.

Lasst uns nicht nach eitler Ehre trachten, einander nicht herausfordern oder beneiden (Galater 5,26).

Und dient einander, ein jeder mit der Gabe, die er empfangen hat, als die guten Haushalter, der mancherlei Gnade Gottes (1. Petrus 4,10).

Es sind verschiedene Gaben; aber es ist ein Geist. Und es sind verschiedene Ämter; aber es ist ein Herr. Und es sind verschiedene Kräfte; aber es ist ein Gott, der da wirkt alles in allen (1. Korinther 12,4).

Was ist deine Identität? Ist es deine gesellschaftliche Position, dein Dienst, das, was Menschen über dich sagen, oder gar deine Attraktivität?

**Du bist das, was Jesus über dich sagt:
„Wertvoll, kostbar und bedingungslos maximal geliebt."
(„Bis zum Weltall und zurück", sagte er mir einmal.)**

Behandelst du andere auch so? Oder bestimmt ein Gefühl von Minderwertigkeit oder eine Waisenmentalität über das, wer du bist, weil du gar nicht weißt, wer du wirklich bist? Oder bestimmt der Vergleich mit anderen dein Leben?

Es wird immer Menschen geben, die in gewissen Bereichen talentierter oder hübscher sind als du. Aber weißt du was? Dein zukünftiger Partner wird dich so annehmen, wie du bist. Und vielleicht ist es deine Unvollkommenheit, die dich für ihn so liebenswert macht.

Anwendungen/ Herausforderungen:

❖ Frage Gott, wo du Talente hast, die du in deinem Umfeld (Arbeit, Gemeinde, Freizeit) einsetzen kannst. Und fange an, Schritte zu gehen.

❖ Lass dir von Gott zeigen, wie er dich sieht, welche Identität er dir gegeben hat.

 Notizen

Mehr als alles andere behüte dein Herz, mit allem Fleiß, denn daraus quillt das Leben (Sprüche 4,23 LUT).

Tagein, tagaus sind wir mit Gedanken und Bildern bombardiert, die wir filtern und selektieren müssen! **Ständig werden wir mit freizügigen Bildern in den Medien, im Internet und in der Werbung konfrontiert.**

Gott hat Schönheit in Mann und Frau geschaffen, wir dürfen das schätzen und die Schönheit des anderen ehren, aber sollen sie nicht begehren! Klar gibt es eine gewisse Anziehung zwischen Mann und Frau, aber wenn es nicht von Gott geführt oder bestätigt wird, richtet es viel Zerstörung an und öffnet deinen Geist für Tagträumereien, ungesunde Lust, Unreinheit, Unzucht oder Pornographie.

Es ist in Ordnung, dem Gegenüber Komplimente zu machen, aber bitte beim anderen Geschlecht mit klaren Absichten und keinen Zweideutigkeiten. Kein Flirten, wenn du es nicht ernst meinst! Ein Ja soll ein Ja sein, und ein Nein ein Nein (vgl. Matthäus 5,37). Wir werden eines Tages über jedes nichtsnutzige Wort Rechenschaft abgeben müssen, wenn wir vor Gottes Thron stehen (vgl. Matthäus 12,36).

Zu schnell kann unbedachtes Flirten zu Missverständnissen führen, ohne dass wir uns dessen bewusst sind, und die andere Person dadurch unbewusst verletzen.

... und ertrage einer den anderen und vergebt euch untereinander, wenn jemand Klage hat gegen den andern; wie der Herr euch vergeben hat, so vergebt auch ihr (Kolosser 3,13).

Zögere nicht, schnell zu vergeben, bevor es tiefere Wunden gibt.

Zu empfehlen ist, vor einer sich anbahnenden Beziehung zu beten und nach Gottes Weisung zu fragen. Eine Freundschaft ist ein Prozess, in dem es herauszufinden gilt, ob Potential für mehr vorhanden ist.

Nimm dir Zeit, das zu ergründen. Man kann sich auch in einer kleineren Gruppe besser kennenlernen (geschützter Rahmen). Du willst ja nicht nur eine Beziehung, sondern einen Ehepartner! Es kann auch ratsam sein, darüber zu fasten!

 Notizen

Einige Anhaltspunkte, um zu prüfen, ob eine Beziehung passen könnte

❖ Hat die Person eine lebendige und verbindliche Beziehung zu Gott? Kennt sie IHN persönlich und nicht nur vom Hörensagen, sondern durch eigenes Zeugnis und Erleben? Erkennt man an ihrem Lebensstil, dass Gott die Nummer Eins in ihrem Leben ist? Passen die Berufungen und christlichen Werte zusammen? Lebt diese Person, was sie sagt? Ist die Person konfliktfähig und lernbereit? Ist sie barmherzig und gnädig mit anderen? Hat die Person gute Beziehungen in ihrem sozialen Umfeld, am Arbeitsplatz, in der Gemeinde? Erlebt sie dort Wertschätzung und ehrt andere? Arbeitet sie gerne und gibt ihr Bestes? Bekommt sie gutes Feedback? Lebt sie in Vergebungsbereitschaft? Kann sie alleine sein, ohne sich einsam zu fühlen?

❖ Kann sich die Person Autorität unterordnen, z. B. in der Gemeinde oder im Job?

❖ Ehrt die Person ihre Eltern? Gemeint ist hiermit nicht, dass man immer einer Meinung sein muss, aber die Eltern sollten geachtet und respektiert werden.

❖ Ist die Person im Finanziellen treu, also wie sie ihr Geld verwaltet? *„Wer im Geringsten treu ist, ist auch im Großen treu. Wenn ihr also im Umgang mit dem ungerechten Mammon nicht treu seid, wer soll euch dann die wahren Güter anvertrauen?"* (Lukas 16,11).

❖ Wie reagiert die Person in Stresssituationen? Muss sie immer recht oder das letzte Wort haben? Schlägt euer Herz für eine ähnliche oder sich ergänzende Vision/Mission?

❖ Was sagen deine Familie und deine engsten Freunde zu der Person? Bereichern dich die Stärken des anderen? Kannst du zugleich auch mit den Schwächen des anderen umgehen und ihn dennoch wertschätzen und zu ihm stehen? Wie geht es dem anderen mit deinen Stärken und Schwächen? Gibt es einen gemeinsamen Familienwunsch? Jemand der (übertrieben ausgedrückt) zehn Kinder möchte, passt nicht unbedingt mit jemandem zusammen, der nur zwei oder keine möchte. Das würde immer ein Konfliktpunkt sein. Es ist fraglich, ob man da einen Kompromiss finden kann.

Es gibt aus unerklärlichen Gründen Ehen, die kinderlos bleiben, die aber trotzdem von Gott gestiftet oder geführt sind. Ist es das Ziel einer Ehe, Kinder zu bekommen, oder Jesus in allem, was er für uns hat, nachzufolgen?

**In erster Linie geht es um das Königreich Gottes,
welches durch uns repräsentiert wird.
Unsere Ehen sollen Vorbilder sein
in dieser immer dunkler werdenden Welt.**

Schließlich gibt es noch den Aspekt der körperlichen Anziehung zu berücksichtigen. Das ist auch ein wichtiger und nicht unwesentlicher Punkt! Das Gegenüber muss kein Model sein, aber einfach und gepflegt und willens, das Beste aus sich zu machen. Körperliche Hygiene sollte in unserem Breitengrad normal sein. Du musst dir körperliche Nähe mit dieser Person vorstellen können.

Und jetzt zum Selbsttest: Wenn du dich selber als Ehepartner siehst, wo findest du dich bei diesen Fragen? Wir sind alle auf dem Weg und werden, wenn wir es zulassen, Jesus ähnlicher.

❖ Was spricht dich an und was soll verändert werden?

❖ Bitte Gott um Hilfe und lass dir die nächsten Schritte zeigen.

 Notizen

Die meisten der genannten Punkte sollten vor einer Beziehung in der Freundschaftszeit geklärt werden, um viel „Herzschmerz" zu entgehen und keinem die kostbare Zeit zu stehlen.

So seht nun sorgfältig darauf, wie ihr euer Leben führt, nicht als Unweise sondern als Weise, und kauft die Zeit aus, denn es ist böse Zeit. Und werdet nicht unverständig, sondern versteht was der Wille des Herrn ist (Epheser 5,15-16).

Speziell für Frauen:

❖ Suchst du Gott und Gottes Willen mehr als alles andere?

❖ Respektierst du Männer?

❖ Kannst du dich in einer Gemeinschaft ein- und unterordnen?

❖ Respektierst du Autoritätspersonen in deinem Leben?

❖ Bist du beziehungsfähig und kannst du in einem geschützten Rahmen dein Herz öffnen?

❖ Bist du konfliktfähig und lernbereit?

❖ Kannst du dich neuen Lebenssituationen anpassen, bist du flexibel?

❖ Kannst du einen Haushalt führen (und auch abwechslungsreich kochen)?

Speziell für Männer:

❖ Suchst du Gott und Gottes Willen mehr als alles andere?

❖ Respektierst du Frauen als von Gott gleichgestellte Geschöpfe, ohne sie zu unterdrücken?

❖ Kannst du dich in einer Gemeinschaft ein- und unterordnen und respektierst du Autoritätspersonen in deinem Leben?

❖ Bist du beziehungsfähig und kannst du in einem geschützten Rahmen dein Herz öffnen?

❖ Kannst du dich Lebenssituationen anpassen, bist du flexibel?

❖ Bist du konfliktfähig und lernbereit?

❖ Kannst du in Liebe leiten?

❖ Kannst du eine Familie versorgen?

Anwendungen/ Herausforderungen:

❖ Wo musst du dein Herz bewahren? Hast du ein falsches Frauen- bzw. Männerbild, das noch geheilt werden muss?

❖ Gibt es noch jemandem, dem du vergeben musst? Vergeben bedeutet, die schuldige Person loszulassen, damit du selber frei bist und nicht bitter wirst.

❖ Bitte den Heiligen Geist, dir zu zeigen, wo es in deinem Herzen noch an Vergebungsbereitschaft fehlt, und vergib dann der Person / den Personen.

❖ Zögere nicht, dir Hilfe zu holen bei einer Person deines Vertrauens oder nimm gegebenenfalls ein Sozo[1] in Anspruch.

Dinge haben keine Macht mehr über dich, wenn sie ans Licht kommen! (vgl. 1. Johannes 1,5-7). *„Ich bin in die Welt gekommen als ein Licht, damit wer an mich glaubt, nicht in der Finsternis bleibe"* (Johannes 12,46 LUT).

 Notizen

---

[1] Vgl. S. 36.

KAPITEL 5

Ehen für das Königreich Gottes

Gottes Reich beginnt in deinem Herzen und kann immer weiter ausgebaut werden. Als Gott mir die geschilderten Visionen gab, versuchte ich, sie umzusetzen, und ich bin noch weiterhin im Prozess. Es ist spannend zu erleben, was Gott noch alles vorhat, und er beschenkt mich immer wieder auf überraschende Weise. Er scheint immer noch mehr Gutes, Übernatürliches und Wunderbares für uns parat zu haben. Ich habe mich entschlossen, für Gottes Pläne offen zu sein, und freue mich, mit Zuversicht und Hoffnung weiterzulaufen, da ich eine Vision in meinem Herzen trage. **Meine Zeit steht in seinen Händen** (Psalm 31,15 LUT).

Trachtet zuerst nach dem Reich Gottes und nach seiner Gerechtigkeit, so wird euch das alles zufallen (Matthäus 6,33 LUT).

Ein jegliches hat seine Zeit, und alles Vorhaben unter dem Himmel hat seine Stunde ... (Prediger 3,1 LUT).

Wir Christen, Männer und Frauen, verheiratet oder unverheiratet, warten alle auf das zweite Kommen Jesu. Bist du bereit und machst du dich bereit? Ich glaube, dass die Ehen, die Gott zusammenführt, seine Liebe und Herrlichkeit widerspiegeln werden zu seiner Ehre. Es werden Vorbildehen sein, die Gott durch seinen Geist führt, welche Berufungen er auch immer austeilt. Diese Ehen werden dem Königreich geschenkt, um die Liebe des Vaters zwischen Ehemann und Ehefrau zu bezeugen, wie auch zwischen Jesus und seiner Braut, der Gemeinde.

TEIL 2

Was sagt die Bibel über den Mann, die Frau und die Ehe?

KAPITEL 6

Gott an die erste Stelle setzen

Du sollst den Herrn, deinen Gott, lieben von ganzem Herzen,
von ganzer Seele, von allen Kräften und von ganzem Gemüt,
und deinen Nächsten wie dich selbst (Lukas 10,27).

Das erste Gebot ist das wichtigste Gebot, gleichermaßen für Männer und Frauen, in allen zwischenmenschlichen Beziehungen.

1. Gott lieben, weil er uns zuerst geliebt hat und seine Liebe in unser Herz ausgegossen ist (vgl. 1. Johannes 4,19).

Wir haben genug davon bekommen, um diese Liebe auch weiterzugeben! Und wir dürfen sie auch täglich neu empfangen.

Hier einige Anregungen, wie das praktisch gehen kann:

❖ In Gottes Gegenwart treten mit Anbetung und Lobpreis (Musik), mit Gebet.

❖ Indem man sich selber etwas Gutes tut und seinen Körper achtet.

❖ Indem man sich gesund ernährt, genug schläft und sich sportlich betätigt.

Wir sind Verwalter unseres Körpers. Deshalb sollten wir auf die Work-Life-Balance (Ausgewogenheit von Arbeit und Freizeit) achten, und darauf, den Sabbat zu halten. Wir sollen „Umdenken lernen" – nach Gottes Maßstäben:

Und stellt euch nicht dieser Welt gleich, sondern ändert euch
durch Erneuerung eures Sinnes, damit ihr prüfen könnt, was

Gottes Wille ist, nämlich das Gute und Wohlgefällige und Vollkommene (Römer 12,2 LUT).

2. Den Nächsten lieben, aus dem vollen Liebestank einer gesunden Selbstliebe heraus, so wie Gott dich liebt :-)

So viele Christen sind nahe am Burnout, weil sie denken, sie müssten die ganze Welt retten und möglichst viele gute Werke tun. Sie machen viele Dinge in guter Absicht, aber dennoch nicht im Geist. So was wird viel Frust, aber nicht viel Frucht bringen. Wir dürfen uns als Kinder Gottes vom Heiligen Geist durch den Alltag führen lassen (vgl. Römer 8,14).

Wir müssen uns die Liebe Gottes nicht durch Leistung erarbeiten! Sie ist bedingungslos und jederzeit bereit, sich uns zu offenbaren.

Kannst du dich selber so annehmen, wie du bist, oder fühlst du dich noch nicht vollends geliebt? Glaube mir, du bist es! Es gibt keine Steigerung der Liebe Gottes zu dir. Du darfst seine Liebe annehmen – für dich selbst und für deinen Nächsten.

Bist du achtsam dir gegenüber? Spürst du deine Grenzen körperlich und seelisch? Kannst du NEIN sagen?

Du darfst gut zu dir selber sein! Wusstest du, dass du der einzige Mensch bist, dem du nicht entkommst und der immer bei dir ist?

Du solltest dich lieber mögen und wertschätzen.

Lade den Heiligen Geist ein, bitte ihn, dich neu zu erfüllen.

Der Heilige Geist wird dir Menschen aufs Herz legen, für sie zu beten, ihnen zu helfen oder für sie da zu sein.

Er liebt durch dich die Menschen um dich!

KAPITEL 7

Wie alles begann mit Adam und Eva

Und Gott sprach: Es ist nicht gut, dass der Mensch alleine sei, ich will ihm eine Gehilfin machen, die um ihn sei (1. Mose 2,18: wörtlich: ihm eine Gehilfin machen als sein Gegenüber, d. h. die zu ihm passt bzw. ihm entspricht).

Und da ließ der Herr einen tiefen Schlaf fallen auf den Menschen und er schlief ein. Und er nahm eine seiner Rippen und schloss die Stelle mit Fleisch. Und Gott der Herr baute ein Weib aus der Rippe, die er von dem Menschen nahm und brachte sie zu ihm. Da sprach der Mensch: Das ist doch Bein von meinem Bein und Fleisch von meinem Fleisch, man wird sie Männin nennen, weil sie vom Manne genommen wurde (1. Mose 2,21-23).

So ist's ja besser zu zweien als alleine, denn sie haben guten Lohn für ihre Mühen. Fällt einer von ihnen, so hilft ihm sein Geselle auf (Prediger 4,9-10).

Die Ehe ist von Gott erdacht.

Darum wird ein Mann seinen Vater und seine Mutter verlassen und seinem Weibe anhangen und sie werden sein ein Fleisch (1. Mose 2,24).

Der Mann hat eine Arbeit, kennt seine Berufung, wandelt in ihr und ist bereit, für eine Familie zu sorgen.

Adam

Gott sieht Adams Wunsch, eine Partnerin zu haben, so wie alle anderen Lebewesen auf der Erde (vgl. 1. Mose 2,18). Der Mann muss sich nicht auf die Jagd/Suche machen oder erst viele Frauen kennenlernen und testen, ob eine zu ihm passt. Er hat dafür keine Zeit. Er ist in „Eden", im Paradies, in der Gegenwart Gottes vollkommen ausgefüllt. Er lebt in seiner Berufung und Bestimmung. Er hat seine Aufgaben und ist in Gottes Präsenz. Seine Gehilfin, Eva, wird ihm zum richtigen Zeitpunkt zugeführt. Der Mann darf dies glauben und auf den Heiligen Geist vertrauen, dass er ihn leitet.

Das kann je nach Person und Situation sehr unterschiedlich aussehen. Mal wird man auf eine Person durch andere Freunde aufmerksam, mal gibt Gott Anweisung zu einem kleinen Gehorsamsschritt, z. B. einem Ortswechsel, mal bekommt man einen Eindruck für eine Person usw. Gott wird seine Pläne darüber hinaus immer durch weitere Personen bestätigen, die objektiv und geisterfüllt sind, z. B. Leiter, Familie, Pastoren oder Propheten.

Ich persönlich prüfe gerne meine Eindrücke so, dass ich enge Freunden um ein „geistliches Hören" bitte, ihnen aber die konkreten Eindrücke vorerst nicht mitteile. Gott kennt ja die Situation, in der ich persönlich gerade „stecke". Sehr oft geschah es, dass sich die Eindrücke deckten, sich ergänzten, und so wusste ich, dass Gott mich in eine gewisse Richtung lenkte.

Natürlich teilte ich dann meine Eindrücke mit und es ergab ein schönes Puzzle. Die anderen waren dadurch auch ermutigt, wie Gott führt bzw. bestätigt ...

„Durch zweier oder dreier Zeugen Mund soll jede Sache bestätigt werden" (2. Korinther 13,1). Diese Handhabe ist so wichtig, da Gefühle allein keine guten Ratgeber sind. Natürlich dürfen sie aber auch eine Rolle spielen und sind gottgewollt.

Die Frage ist aber: Heiratest du, weil du verliebt bist oder weil du gewiss bist, dass das dein von Gott geschenkter Ehepartner ist, den du ein Leben lang lieben lernen darfst? Passen die Berufungen zusammen, kann man sich damit arrangieren?

**Verliebte schauen sich an und sind selbstzentriert,
aber Liebende geben sich Jesus hin
und gehen in die Richtung, die Gott ihnen zeigt.**

Der Mann hat bereits eine von Gott gegebene Aufgabe und Bestimmung (siehe 1. Mose. 2,19). Er darf in der Partnerfrage tiefenentspannt sein (d. h. tief ruhen mit all seinen Sehnsüchten), Selbstbeherrschung üben (siehe die Früchte des Geistes, Galater 5,22), anhaltend beten und das Resultat und die Zeit Gott überlassen. *„All eure Sorge werft auf ihn, denn er sorgt für euch!"* (1. Petrus 5,7 SLT). Gott weiß, was für eine Frau der Mann braucht, welche ihn ergänzt. Er arrangiert alles im Unsichtbaren und offenbart es zum richtigen Zeitpunkt.

Denn wir wandeln im Glauben und nicht im Schauen (2. Korinther 5,7 SLT).

Es ist aber der Glaube eine feste Zuversicht auf das, was man hofft, und ein Nichtzweifeln an dem, was man nicht sieht. Durch diesen Glauben haben die Vorfahren Gottes Zeugnis empfangen (Hebräer 11,1-2).

Eva

Die Frau wurde aus der Rippe des Mannes gemacht – nicht aus seinem Kopf, um über ihm zu stehen, nicht aus seinen Füßen, um von ihm getreten zu werden, sondern aus seiner Seite, um ihm ebenbürtig zu sein, unter seinem Arm, um von ihm beschützt zu werden, und nahe an seinem Herzen, um von ihm geliebt zu werden.[1]

---

[1] Jüdisches Sprichwort

Die Frau an des Mannes Seite soll als Rippe sein Herz beschützen, weil es das sensibelste, wichtigste Organ ist. Aus ihm kommt alles Leben (vgl. Sprüche 4,23 SLT). Auch schützen die Rippen (der Brustkorb) seine Lunge, woraus der Atem des Lebens kommt. Herz und Lunge zählen zu den wichtigsten inneren Organen des Menschen. Wenn eines davon krank wird, geht es bald sowohl körperlich als auch seelisch mit der Gesundheit bergab.

Sie tut ihm Liebes und kein Leid ihr Leben lang (Sprüche 31,12).

Wenn also die Herausforderungen des Lebens kommen, schafft sie ihm ein schützendes, liebevolles, respektvolles Umfeld, in dem der Mann wieder auftanken kann und sein Herz sich sicher fühlt. Die Frau wurde gemacht, um ihrem Mann in seinem Alltag, seiner Arbeit, zu helfen und ihn zu ergänzen. Hand in Hand sollen sie ein Team sein, jeder in seiner Stärke und Begabung. Die Frau wird von Gott vorbereitet und geformt für den Mann, ihren gemeinsamen Lebensweg und ihre Berufung.

In Sprüche 31 wird eine fleißige Frau beschrieben, die Nahrung herbeischafft, sich um den Haushalt kümmert, Geschäfte abwickelt, sich um die Liebsten sorgt, anderen Menschen Weisung gibt, den Armen und Bedürftigen hilft, vor allem aber Gott fürchtet. Diese Frau ist eine selbstständige, fürsorgliche, barmherzige und gottesfürchtige Frau, eine Frau, die sich um mehr als nur um das häusliche Wohl ihrer Familie kümmert. Sie ist vielseitig beschäftigt und vielseitig „einsetzbar". *„Haus und Habe sind ein Erbteil der Väter, von dem Herrn aber ist eine einsichtsvolle Frau"* (Sprüche 19,14 ELB).

„Einsichtsvoll", vom hebräischen Verb „sakal", bedeutet „verstehen, klug sein, klug handeln, aufmerksames Hinsehen und Bedenken". Die Frau mag, vielleicht aus ihrer weiblichen Intuition heraus, dem Mann Weisung und Rat geben im Hinblick auf den gemeinsamen Lebensweg. Dies kann durch ein prophetisches Wort oder einen prophetischen Eindruck geschehen. Oft spricht Gott durch die Frau auch ganz persönlich zum Mann.

👑 👑 👑 Notizen 👑 👑 👑

KAPITEL 8

Eheleben

Ordnet euch einander unter in der Furcht Christi. Ihr Frauen,
ordnet euch euren Männern unter wie dem Herrn (Epheser
5,21-22).

Das im griechischen Urtext verwendete Wort für „unterordnen",
hypotasso, bedeutet eine freiwillige Unterordnung. Furcht ist hier
gemeint im Sinne von Ehrfurcht, Ehrerbietung, Respekt, und nicht
als Angst. Unterordnung gegenüber dem Mann bedeutet, sich auf
Augenhöhe seinem Schutz und seiner Fürsorge anzuvertrauen,
weil er das Beste für seine Frau und Familie will. Der Mann wiede-
rum ordnet sich Christus und seiner Führung unter. Der Mann ist
Versorger und Diener der Frau und der zukünftigen Familie. Ge-
genseitige Unterordnung bringt den maximalen Segen für ein
Team, so auch im Sport. Man spielt nicht alleine, sondern im
Team und bemüht sich zu erkennen, welche Strategie angebracht
ist, um gemeinsam zu siegen. Gemeinsam, mit jeweils unterschiedlichen Talenten und Aufgaben, baut man an Gottes Königreich als Tochter und Sohn. Man liebt sich in seine Berufung hinein, sieht das „Gold" im anderen und setzt einander so frei.

Der Mann hat die Frau so zu lieben, wie Jesus die Gemeinde liebt:

Ihr Männer, liebt eure Frauen, wie auch Christus die Gemeinde
geliebt hat und hat sich selbst für sie dahingegeben, um sie zu
heiligen. Er hat sie gereinigt durch das Wasserbad im Wort,
damit er für sich die Gemeinde herrlich bereite, die keinen Fle-
cken oder Runzel oder etwas dergleichen habe, sondern die
heilig und untadelig sei (Epheser 5,25-27 REÜ).

Das bedeutet, ein Mann soll seiner Frau in Liebe und Hingabe dienen, so wie Jesus seine Gemeinde geliebt hat. Der Mann hat für seine Frau und seine Familie, wenn sie in Gefahr ist, sein Leben zu geben, sie im Wort zu lehren, sich vom weltlichen Denken abzusondern und mit ihr unter der Führung des Heiligen Geistes zu leben. „Heiligung", aus dem griechischen „hagiasmos", bedeutet Absonderung für Gott. Es bedeutet auch Enthaltung von Unzucht. Das griechische Wort meint nicht nur das Handeln des Heiligen Geistes, indem er den Menschen absondert, sondern auch die Befähigung, heilig zu sein, weil Gott heilig ist (vgl. 1. Petrus 1,16).

... die Frau aber ehre den Mann (Epheser 5,33).

Der Heilige Geist kann der Frau zeigen, was ihr Mann gerade braucht, um seine Bedürfnisse erfüllt zu bekommen. Lob und Anerkennung sind für den Mann sehr wichtig, genauso wie die sexuelle Begegnung. Ebenso kann der Ehemann seine Frau ehren, indem er ihre Liebessprache lernt (vgl. Buchempfehlung: Gary Chapmann „Die fünf Sprachen der Liebe").

Desgleichen ihr Männer, lebt vernünftig mit ihnen zusammen und gebt dem weiblichen Geschlecht als dem schwächeren Ehre, denen, die Miterben der Gnade des Lebens sind, auf dass euer gemeinsames Gebet nicht verhindert werde (1. Petrus 3,7).

Die meisten Frauen sind zierlicher und zarter gebaut als die Männer (vgl. 1.Petrus 3.7 LUT). Sie bedürfen einer Schulter zum Anlehnen, Sicherheit, einen Beschützer und vor allem einen guten Zuhörer. Wir Frauen „schwingen" mehr auf der emotionalen Ebene.

Die Intimität in der Ehe beginnt bei der Frau in erster Linie auf der Ebene der Kommunikation tagsüber und nicht erst abends im Schlafzimmer. Die Frau braucht ein Gefühl der Einheit mit ihrem Ehemann, bevor sie sich körperlich ganz hingeben kann.

So sollen auch die Männer ihre Frauen lieben wie ihren eigenen Leib. Wer seine Frau liebt, der liebt sich selbst. Denn niemand

*hat je sein eigenes Fleisch gehasst, sondern er nährt und pflegt
es, wie auch Christus die Gemeinde* (Epheser 5,28).

Dass Männer und Frauen zuerst lernen, sich selbst zu lieben, ist
außerordentlich wichtig, vorausgesetzt Jesus ist ihre erste Liebe.
Aus dieser Fülle dürfen sie dann einander lieben und dienen.

*Darum auch ihr, ein jeder habe lieb seine Frau wie sich selbst,
die Frau aber ehre den Mann* (Epheser 5,33).

Die Frau braucht das Gefühl, von ihrem Mann begehrt und geliebt
zu werden, und zwar in Worten und Taten. Das heißt, er muss seine Zuneigung zeigen, Komplimente machen, Händchen halten, für
Überraschungen sorgen usw. Er muss ihre „Liebessprache" lernen, wie auch sie die seine. Der Heilige Geist hat sicher ein paar
individuelle Vorschläge, wie ein Mann seiner Frau Liebe zeigen
kann. Dasselbe gilt für die Frau. *„Die Frau verfügt nicht über ihren
Leib, sondern der Mann. Ebenso verfügt der Mann nicht über seinen Leib, sondern die Frau"* (1. Korinther 7,4). Gemeint ist ein ge-
genseitiges, achtsames Verschenken der Sexualität, ohne Manipulation oder Missbrauch.

Wenn du zufällig dieses Büchlein liest, aber schon verheiratet bist
und glaubst, nicht den richtigen Partner geheiratet zu haben (aufgrund deines damaligen Wissens und deiner jetzigen Situation
oder Lebenskrise), dann möchte ich dir zusprechen: Gott segnet
alle Ehen, die nach seinen Prinzipien leben. Du hast jetzt die Mög-
lichkeit, selber der richtige Partner zu werden und den anderen in
seine Bestimmung zu lieben. Selbstlos, in Ehrfurcht zu Gott, ihn
höher zu achten als dich selbst (vgl. Philipper 2,4). Und Gott wird
euch segnen. Ich empfehle dir das Buch „40 Tage Liebe wagen"
von Stephen Kendrick und den Film „Fireproof" von Alex Kendrick.

Der Ehebund ist heilig und ein Versprechen, kein befristeter Ver-
trag, den man zu einer gewissen Zeit, wenn es einem nicht mehr
passt, auflösen kann. Nein, du verschenkst dich deinem Ehepartner jeden Tag neu.

Wenn du dich Gott hingibst, kannst du dich deinem Ehepartner verschenken, weil Gott dir seine Augen gibt, ihn zu sehen, wie er ihn sieht. Jeder Mensch ist kostbar in Gottes Augen; wir müssen lernen das „Gold" im anderen zu sehen, bevor wir heiraten. Eine Ehe basiert nicht auf „Hollywood"-Gefühlen, denn der ernüchternde Alltag kommt mit Arbeit, Haushalt, Kindererziehung usw. Als Lediger hast du ein großes Übungsfeld in Familie, Gemeinde und unter Freunden. Beginne jetzt damit, damit du für deine Ehe gut vorbereitet bist.

Fazit

1. Mann und Frau suchen zuerst Gott und ihre Lebensaufgabe.

Bist du nicht gebunden, so suche nicht, sondern sorge dich um die Sache des Herrn (vgl. 1. Korinther 7,27-34).

Habe deine Lust am HERRN; der wird dir geben, was dein Herz wünscht (Psalm 37,4).

Es ist wichtig, Gott als Basis einer Beziehung zu haben.

❖ Finde heraus, was Gottes Plan JETZT für dich ist, und gehe Schritte im Glauben und setze sie konkret um. Nimm dir Zeit dafür. Schreibe dir diese Punkte auf.

👑 👑 👑 Notizen 👑 👑 👑

2. Gott lässt dich wissen, wann die Singlezeit zu Ende geht und du bereit bist, in die nächste Saison überzutreten.

Ein jegliches hat seine Zeit und alles Vorhaben unter dem Himmel hat seine Stunde (Prediger 3,1 LUT).

Die Singlezeit ist eine kostbare Lernzeit; man entdeckt sich selber und was Gott für einen wunderbaren Plan für das eigene Leben hat. Gott führt Eva zu Adam, dieser sieht seine aus ihm geschaffene Frau und ist überwältigt von Gottes Kreativität und Wohlwollen, ihm eine Partnerin zuzuführen, die für ihn und seine Berufung geschaffen ist. Eva erkennt, aus welch kostbarer Substanz sie geformt wurde, und sie erkennt zugleich ihre Aufgabe an der Seite ihres Mannes. Dabei ist die Aufgabe einer Frau oft sehr vielseitig, entsprechend der unterschiedlichen Lebensabschnitte in Familie und Beruf. Hier gilt es Prioritäten zu setzen und sich immer wieder neu auf Gott auszurichten. Ich glaube, das hört das ganze Leben nicht auf!

3. Mann und Frau heiraten. Gott ist der Erste (der Initiator) im Bunde.

Darum wird ein Mann seinen Vater und seine Mutter verlassen und seinem Weibe anhängen und sie werden sein ein Fleisch (1. Mose 2,24).

... und eine dreifache Schnur reißt nicht leicht entzwei (Prediger 4,12).

... so ist's ja besser zu zweien als alleine, denn sie haben guten Lohn für ihre Mühe. Fällt einer von ihnen, so hilft ihm sein Geselle auf (Prediger 4,9-10).

4. Unterordnung in Augenhöhe und Ehrerbietung kann nur funktionieren, wenn Gott der Erste im Bunde ist.

Ordnet euch einander unter in der Furcht Christi (Epheser 5,21).

Kommunikation zwischen Mann und Frau ist erlernbar, wenn man sich die Zeit nimmt, den anderen und seine Bedürfnisse kennenzulernen. Die Liebessprache des Partners zu verstehen ist sicherlich ein hilfreicher Schlüssel dabei.

KAPITEL 9

Die Sexualität ist für die Ehe gedacht

Denn das ist der Wille Gottes, eure Heiligung, dass ihr meidet die Unzucht und ein jeder von euch seine eigene Frau zu gewinnen suche in Heiligkeit und Ehrerbietung, nicht in gieriger Lust wie die Heiden, die von Gott nichts wissen (1. Thessalonicher 4,3).

Gott möchte, dass Männer zu ihrer Frau eine gute Beziehung haben – nicht nur in Form von Agape-Liebe[1], sondern auch in Eros-Liebe, emotional und körperlich.

Die Sexualität ist für die Ehe gedacht. Der Grund ist nicht, dass Gott uns das Vergnügen nicht gönnt, sondern weil er unsere Körper und Seelen schützen möchte. Es gibt so viele Geschlechtskrankheiten, ungewollte Schwangerschaften und folglich alleinerziehende Mütter und Väter, zerbrochene Beziehungen und zerbrochene Herzen aufgrund unverbindlicher Beziehungen. Das ist nicht Gottes Plan für seine Kinder. Die Ehe ist ein Bund. Gott hat die Sexualität in diesem geschützten Rahmen geplant, in dem man sie dann auch maximal genießen darf. Gott hat uns mit unserer Sexualität geschaffen, das heißt, er hat auch einen Plan damit, und die Art, wie wir damit umgehen, sollte ihn ehren und uns schützen.

Die Schlüssel dazu bilden zwei Früchte des Geistes, nämlich Geduld und Selbstbeherrschung. Zwei Tugenden, die nur der Geist Gottes schenken kann, wenn wir ihn darum bitten (vgl. Galater 5,22-25).

---

[1] Selbstlose, bedingungslose, göttliche Liebe.

... sondern wie der, der euch berufen hat, heilig ist, sollt auch ihr heilig sein in eurem ganzen Wandel (1. Petrus 1,16).

Oder wisst ihr nicht, dass euer Leib ein Tempel des Heiligen Geistes ist, der in euch ist und den ihr von Gott habt, und dass ihr nicht euch selbst gehört? Denn ihr seid teuer erkauft; darum preist Gott mit eurem Leibe (1. Korinther 6,19-20).

Hier eine kurze Bemerkung für die, die sich schon verschenkt haben. Falls du schon mal außerehelichen Sex (vorehelichen Sex / Ehebruch) gehabt hast, vergibt dir Gott diese Sünde, reinigt dich und stellt dich wieder her, wenn du ihn darum bittest. Scham ist eine Lüge, die verhindern will, dass du Buße tust. Vertrau dich jemandem an. Bitte Gott um Vergebung und beginne umzudenken. Bitte den Heiligen Geist, dir beizustehen, dich mit seiner Liebe zu füllen und gehe dann weiter. Brich die Seelenbindungen, die du mit den einzelnen Partnern eingegangen bist. Lass dir von Gott zeigen, was das eigentliche Problem war. (Unwissenheit, Lust, Einsamkeit, etc.) und versuche dieses aufzuarbeiten. Mache eine Kehrtwendung um 180°! Gott liebt dich immer noch, aber er stellt dir keinen Freibrief aus, weiterhin zu sündigen.

Wenn du diese Zeilen liest und noch Jungfrau (weiblich wie männlich) bist, wunderbar, preis sei Gott, der dich bewahrt hat und dir Weisheit gab, gute Entscheidungen zu treffen. Gott wird dir einen Partner geben, der das schätzt und sich nicht darüber lustig macht, dich verhöhnt oder dich in Versuchung führt. Bitte ihn weiterhin um Bewahrung und um sein Eingreifen. Er hat den besten Plan für dein Leben.

Ähnliches gilt auch für Geschiedene und Alleinerziehende. Ich kenne deine Geschichte nicht, aber Gott ist bereit, dir zu vergeben, dich wiederherzustellen und dein Herz zu heilen. Lass es zu und nimm Seelsorge/Sozo[2] in Anspruch. Gott liebt dich, egal, wo

---

[2] Vgl. S. 36.

du gescheitert bist, und egal, wo du jetzt stehst. Er ist treu, auch wenn wir untreu waren (2. Timotheus 2,13).

♕ ♕ ♕   Notizen   ♕ ♕ ♕

KAPITEL 10

Was ist mit unserer Sexualität als Single?

Gott hat uns mit einem Körper, einem Geist und einer Seele geschaffen. Der Körper ist die sichtbare Hülle, die Seele (griech. Psyche: Verstand, Wille und Gefühl / Ort des Denkens und Sitz der Persönlichkeitsmerkmale bzw. des Charakters) ist unsichtbar.

Der Geist, von Gott als „Leben" eingehaucht, wird bei der Errettung (Lebensübergabe) wiedergeboren, lebt ewig, ist unsichtbar und hat Zugang zur geistlichen Welt. Du erkennst in deinem Geist Dinge z. B. in der Bibel durch Offenbarung des Heiligen Geistes.

Der geistliche Mensch, der über Gottes Wort nachsinnt, sich transformieren lässt ... sollte stark werden und die Leitung unseres Lebens übernehmen.

Darum: Ist jemand in Christus so ist er eine neue Kreatur, das Alte ist vergangen, siehe, Neues ist geworden (2. Korinther 5,17).

Dein Geist ist wiedergeboren, dein Denken muss sich den Maßstäben Gottes entsprechend umwandeln, gemäß Römer 12,2: „*Und stellt euch nicht dieser Welt gleich, sondern ändert euch durch Erneuerung eures Sinnes.*" Wir haben den Sinn Christi erhalten (vgl. 1. Korinther 2,16).

Wenn wir „in Jesus sind", wollen wir nicht mehr sündigen; im Geist können wir gar nicht mehr sündigen!

Auch ihr wart tot durch eure Übertretungen und Sünden in denen ihr früher gelebt habt, nach der Art dieser Welt (Epheser 2,1).

Auch uns, die wir tot waren in den Sünden, mit Christus lebendig gemacht – aus Gnade seid ihr gerettet (Epheser 2,5).

In der Seele spielen sich die Emotionen ab: Ärger, Zorn, sexuelle Gefühle usw. Es ist normal, dass wir auch als Wiedergeborene sexuelle Empfindungen haben. Aber sie gehören in den geschützten Rahmen der Ehe, in der wir sie in der Fülle genießen dürfen.

„Zürnt ihr, so sündigt nicht" (Epheser 4,26). Du kannst auch alle weiteren Gefühle dem Wort „Zürnen" hinzufügen. Es gibt ja durchaus Gefühle in der Bibel.

Lebt im Geist, so werdet ihr die Begierden im Fleisch nicht mehr vollbringen (Galater 5,16).

Wenn wir im Geist leben, so lasst uns auch im Geist wandeln (Galater 5,25).

Gott hat die Sexualität erfunden. Sexualität ist etwas Gutes innerhalb der von ihm gesetzten Grenzen und Bedingungen, zu unserem Schutz und Wohlergehen. Gott möchte, dass wir das Leben genießen können und nicht in Gebundenheit geraten – weder durch Sex noch durch andere Süchte.

Vor 2000 Jahren ist Christus für alle Sünden gestorben. Dein Fleisch ist tot; wie kann also etwas, das tot ist, noch zu dir reden? Ich gebe zu, dass das eine Herausforderung ist. Wiedergeboren zu werden, ist das größte Wunder. Wenn du Jesus dein ganzes Leben anvertraut hast, wie verhältnismäßig klein ist dann dein „von ihm gegebener Sexualtrieb"?

Wenn du ihm **ALLES** anvertraust, glaubst du nicht, dass er dir auch **ALLES** zu schenken vermag? Er kann dir Enthaltsamkeit und Selbstbeherrschung schenken und trotzdem dafür sorgen, dass es dir gut geht.

Mein Lieber, ich wünsche, dass es dir in allen Stücken gut gehe und du gesund seist, so wie es deiner Seele gut geht (3. Johannes 2).

Selbstbeherrschung und Enthaltsamkeit sind Früchte des Geistes, wenn wir im Geist wandeln und Jesus nachfolgen. Genau diese Früchte des Geistes werden wir auch für unsere Ehen benötigen, z. B. im Falle einer Schwangerschaft oder wenn ein Partner krank oder auf Reisen ist.

Wir dürfen unsere Sexualität niemals über unsere Berufung stellen, weder als Single noch in der Ehe. Eine kurzfristige Befriedigung würde uns alles kosten – unseren Ruf und unsere Berufung und darüber hinaus viel Seelenschmerz für alle Mitbeteiligten verursachen. Bitte verstehe mich nicht falsch, Gott kann dir vergeben, aber du musst deinen Lebensstil ändern, Jesus auch diesen Bereich deines Lebens radikal anvertrauen und Gott an deinen Schwächen wirken lassen.

Macht aus euren Pflugscharen Schwerter und aus euren Sicheln Spieße, der Schwache spreche, ich bin stark (Joel 4,10).

Sei nicht zu stolz, dir Hilfe zu holen, **Gott hat so viel vor mit dir, nämlich nur das BESTE!**

KAPITEL 11

Was ist mit Selbstbefriedigung?

Dies ist ein sehr heikles Thema in christlichen Kreisen, oft wird darüber geschwiegen. Medizinisch/psychisch hat es etwas mit körperlicher und seelischer Entwicklung zu tun, vor allem in der Pubertät. Meist führt es aber später zur Sucht, die Isolation zur Folge hat und Probleme bei der Sexualität in der Ehe nach sich zieht, wie z. B. Pornographie.

Je bewusster uns ist, dass wir heilig sind, desto mehr werden wir auch heilig leben (vgl. 1. Petrus 1,16). Je mehr wir über Gottes Wahrheiten nachdenken, desto weniger werden wir über unsere Schwächen grübeln.

Das, womit du dich beschäftigst, prägt dich. Wir werden dem ähnlich was wir anbeten.

„Wir sollen nach unserm Gewissen, welches durch den Heiligen Geist geleitet wird, handeln" (vgl. Römer 9,1 SLT) und uns ein reines Gewissen bewahren. Und rein vor Gott leben. Es gilt auch hier das Prinzip von Saat und Ernte. Investiere mehr Zeit in dein geistliches Leben, so wirst du die entsprechenden Früchte ernten.

Mein Gott aber wird euch durch Christus Jesus alles, was ihr nötig habt, aus dem Reichtum seiner Herrlichkeit schenken (Philipper 4,19).

KAPITEL 12

Gibt es Menschen, die unverheiratet bleiben sollen?

Für Menschen, die medizinische, körperliche oder seelische Gebrechen haben und dadurch stark beeinträchtigt darin sind, eine Ehe zu führen, kann es besser sein, unverheiratet zu bleiben. Viele kranke Menschen sind über ihre Erkrankung und deren Verlauf bzw. Prognose zu wenig informiert. Diagnosen schockieren oft anfangs und viele müssen diese noch „verdauen "oder wollen ihre Krankheit nicht wahrhaben und verleugnen sie.

Ich glaube an übernatürliche Heilung, doch Gott hat manchmal unterschiedliche Wege ... und setzt auch Ärzte ein. Jede Heilung ist letztendlich ein Geschenk Gottes. Sehr oft passieren Heilungen durch Ärzte und Gebet. Es gibt Spontanheilungen, und bei manchen dauert der Heilungsweg etwas länger oder verläuft anders.

Ich denke, beide Partner müssen über die Erkrankung des Partners und deren Ausmaß vor der Heirat im Bilde sein und dürfen ärztlichen Rat und seelsorgerliche Begleitung aufsuchen.

Auch sollte man selber an sich arbeiten; denn Gleiches zieht Gleiches oder Ähnliches an (Co-Abhängigkeiten, ungesunde Verhaltensmuster usw.). Umso wichtiger ist es, vor der Heirat selber heil zu werden.

Wenn du absolut kein Verlangen nach dem anderen Geschlecht hast, aus welchen Gründen auch immer, vielleicht wegen schlechter Erfahrungen, sexuellem oder emotionalem Missbrauch, dann ist es besser, nicht zu heiraten. Das heißt aber nicht, dass Gott dich von solchen Traumata nicht vollständig heilen kann, um dir doch noch einen Partner zu schenken.

Wenn du dein Leben Gott für einen Dienst weihst oder die Gabe der Ehelosigkeit hast und gar nicht den Wunsch hegst zu heiraten, solltest du es auch nicht tun.

Wenn du die Gabe der Ehelosigkeit hast, würdest du als Verheirateter nie glücklich werden und deine Berufung verpassen (vgl. 1. Korinther 7,29-38).

Wir Menschen aber sind zur Gemeinschaft berufen, nicht als Einzelgänger, auch wenn wir nicht verheiratet sind.

Siehe, wie fein und lieblich es ist, wenn Brüder einträchtig beieinander wohnen (Psalm 133,1).

Mit Gemeinschaft ist nicht unbedingt eine Wohngemeinschaft gemeint, jedoch ein Netz echter, transparenter Beziehungen, die sich gegenseitig stärken, ermutigen und das Beste im anderen hervorbringen. Wenn wir mit Gott eine Beziehung führen, dann werden seine Herzenswünsche auch zu unseren. Der Herzenswunsch, einen Partner zu bekommen, darf nie größer werden als unsere Beziehung zu **JESUS**. Sonst beherbergen wir einen Götzen in unserem Herzen.

**Wenn Jesus unser Herz hat,
nicht nur unser Leben, dann hat er alles:
unsere Zeit, unser Geld, unsere Sexualität
und unsere Bestimmung.
Aus der Intimität mit Gott werden wir seine Pläne erfahren
und können uns entspannen,
weil wir wissen, dass er es gut meint;
er meint es sehr gut mit uns!**

KAPITEL 13

Die Ehe ist ein Auftrag und ein Bund

Es ist ein Auftrag, jemanden zu heiraten und sich täglich für diese Person neu zu entscheiden, ähnlich der Entscheidung, Jesus jeden Tag nachzufolgen, auch wenn das nicht immer einfach ist und wir mal größeren, mal kleineren Herausforderungen begegnen. Oder wie es ein Auftrag ist, was wir beruflich machen: in welcher Stadt wir leben oder in welches Land wir eine Missionsreise machen. Für all diese Entscheidungen werden wir einmal vor Gott Rechenschaft ablegen müssen.

Klar, es braucht zwei Beauftragte! Es braucht zuerst die Erlaubnis von Gott (wir gehören nicht mehr uns selbst, vgl. Römer 14,7), um den Auftrag auszuführen. Und dann heißt es, dran zu bleiben, in guten wie auch in schlechten Tagen!

Ich fragte Gott einmal, was in einer Ehe wichtig ist, und erhielt zur Antwort: „Den Partner in seine Berufung zu lieben und ihn freizusetzen." Ja, Ehe scheint viel mit Berufung zu tun zu haben. Umso wichtiger ist es, seine von Gott gegebene Berufung und die des anderen vorher zu kennen.

Eine Ehe ist auch ein Bund. Es wird oft vom Ehebund gesprochen. Früher wurde ein Bund durch Blut besiegelt, und galt lebenslang. Das Blut symbolisiert Hingabe für den anderen – ein Leben lang.

Wenn Mann und Frau das allererste Mal zusammen schlafen, fließt meist auch etwas Blut. Jesus wird für seine Braut wiederkommen. Er ist für uns gestorben; er wusste was er tat, weil er einen Auftrag hatte und mit uns einen Bund schloss, weil er uns soooo sehr liebt.

Kennst du deinen Auftrag und deine Berufung?

KAPITEL 14

Was ist eigentlich Gehorsam?

Gehorsam ist, sich mit den Plänen Gottes eins zu machen, weil er den besten Plan für dich und andere Personen in deinem Leben hat. Es ist oft so, dass wir zuvor gewissen Vorstellungen oder Ideen sterben müssen. Nehmen wir ein Beispiel: Ein kleines Mädchen hat ein Lieblingsarmband. Es ist nicht echt und der Vater bzw. Gott bittet sie darum, es ihm zu geben. Das Mädchen zögert und braucht Tage, bis es sich überwindet, dem Vater das Armband zu geben. Der Vater nimmt das falsche Armband und ersetzt es durch ein echtes Perlenarmband.

Wir sind oft für seine Perlen noch nicht bereit – weil wir sein Herz noch nicht richtig kennen. Er hat das Beste für dich. Das was zu 100% echt ist und für dich entworfen wurde, für dich und deine Berufung.

Man ist dort ungehorsam, wo man die Liebe Gottes noch nicht voll erkannt hat, wo man die Lebensbereiche aufgrund falscher Prägungen Gott noch nicht anvertraut hat. Es hat etwas mit Vertrauen zu tun, und die absolute Wahrheit ist, dass Gott treu und absolut gut ist.

Gibt es trotzdem Probleme und Schwierigkeiten auf unserem Weg? Ja, das Leben ist ein Abenteuer und wir leben in einer durch Sünde gefallenen Welt (2. Korinther 4,4). Aber Gott möchte, dass wir den Schwierigkeiten mit seiner Weisheit begegnen und daran wachsen und stark werden.

Durch den Läuterungsprozess wurdest du zu der Person, die du heute bist, und wirst weiterhin zu der Person wachsen, welche

Gott schon vor Anbeginn der Zeit in dir sieht. Ja, der Feuerofen ist schmerzhaft, aber es kommt echtes Gold hervor: echter Glaube (vgl. 1. Petrus 1,7). Du bist sein (Kunst-)Werk (vgl. Jesaja 64,7).

Auch wenn nicht alles nach deinem Plan oder deinen Wünschen läuft, glaube und vertraue, dass dir alle Dinge zum Besten dienen werden, weil du Gott liebst (vgl. Römer 8,28). Zu diesem Thema empfehle ich dir den Film „Die Hütte" von Wilhelm Paul Young.

Anwendung/Herausforderung:

❖ Wo kannst du noch nicht Gottes Liebe und Wohlwollen in deinem Leben erkennen? Besprich es mit ihm.

❖ Was sagt er dir? Was will er dir schenken?

❖ Schreib es dir auf, hefte es dir an den Spiegel oder Kühlschrank.

❖ Proklamiere seine Wahrheit über dein Leben.

 Notizen

TEIL 3

Meine Geschichte

Ich habe in meiner Teenie-Zeit erleben dürfen, wie Jesus Familienmitglieder übernatürlich geheilt hat und mein Vater vor einem frühzeitigen Tod bewahrt wurde.

Mit siebzehn Jahren habe ich dann Jesus mein Leben übergeben, während einer Weihnachtsfeier für Obdachlose.

Die Frage meiner Berufung stellte sich für mich immer drängender, da ich wusste: Mein Leben gehört nicht mehr mir selber, sondern es gibt eine Aufgabe, die es zu erfüllen gilt.

Ein Jahr später besuchte ich neben meinem Medizinstudium, welches Gott mir bestätigte, für zwei Jahre eine Abendbibelschule, die mir immer mehr die Wahrheiten der Bibel aufzeigte. Da erfuhr ich auch, dass man frühzeitig anfangen sollte, für einen gläubigen Partner zu beten. Durch Studium und im Gemeindeleben hatte ich ohnehin nicht so viel Zeit und betete daher für einen Partner nach Abschluss meines Studiums. Auch besuchte ich eine Ministry School in Atlanta und diente in Graz in einem Gebetsdienst und einige Jahre in der Fürbitte. Damals schon hatte ich ein Herz für die Nationen. Ich sparte für Missionsreisen und fuhr im Glauben mit dem letzten Cent in die Ukraine und nach Lüdenscheid, um dort zu dienen und Jesus zu erleben. Nach dem Studium kam viel Arbeit in der Facharztausbildung auf mich zu.

In den letzten Jahren hatte ich wiederholt Gelegenheit, christliche Männer kennenzulernen, aber es passte nicht zu heiraten. Es braucht manchmal mehr Mut zu einem „Nein" als zu einem „Ja".

Als ich darüber Gott in einem Sozo fragte, antwortete er mir: „Dein Mann war noch nicht dabei, aber er ist auf deinem Weg." So beschäftigte ich mich mit dem, was Gott sonst noch so mit mir vorhat.

Ich dachte immer, „Arztsein" sei meine Lebensberufung und eigentlich genug Herausforderung, aber Gott scheint noch mehr für mich parat zu haben, und ich darf lernen, aus seiner Fülle heraus zu leben. Er offenbart liebevoll Schritt für Schritt und zeigt, wie er mich ursprünglich „designed" (geplant) hat.

Inzwischen habe ich auch wieder beruflich mehr Freizeit, die ich in Gemeinde, Freundschaften und Hobbies investieren kann. Auch sprach Gott zu mir darüber, Sozo zu lernen sowie dieses Büchlein zu schreiben.

Gott entfachte auch wieder neu meine Leidenschaft, den Nationen zu dienen und ich ging auf diverse Missionsreisen, z. B. mit *Global Awakening* und den *Iris Ministries*.

Diese Einsätze waren Meilensteine in meinem Leben und ich bin sehr dankbar dafür. Auch für die wertvollen Beziehungen, die daraus entstanden sind.

Gott ist gut!
Meine Zeit steht in seinen Händen (Ps. 31,16 LUT).

ANHANG

Gebet zur Lebensübergabe:

Lieber Jesus,

ich danke dir, dass du für mich und all meine Sünden am Kreuz von Golgatha gestorben und von den Toten auferstanden bist. Ich berufe mich auf Römer 10: Denn wenn man von Herzen glaubt, so wird man gerecht, und wenn man mit dem Munde bekennt, so wird man errettet. Ich bekenne dich, Jesus, als meinen Herrn und Erretter. Ich bitte dich nun durch deinen Heiligen Geist, in mein Herz zu kommen und mich fortan zu leiten und zu führen. Himmlischer Vater, ich danke dir, dass ich von nun an dein Kind bin und ein neues Leben anfangen darf.

Herzlich willkommen in unserer großen Familie! Gott hat einen wunderbaren Plan mit dir und der Himmel freut sich riesig, dass du ab jetzt dazu gehörst!

Du hast jetzt eine Beziehung zu Jesus. In jede (Liebes-)Beziehung investiert man Zeit. Suche Gott täglich im Gebet und bitte den Heiligen Geist, dir sein Wort aufzuschlüsseln. Suche dir eine lebendige Gemeinde und versuche umzusetzen, was du erkannt hast. Lass dich bald taufen.

Wer da glaubt und getauft wird, der wird selig werden (Markus 16,16).

ZUR AUTORIN

Dr. med. Elfi Beck, Fachärztin für Allgemeine Innere Medizin, Diplom in psychosozialer Medizin und Notfallmedizin.

Sie hat mehrere Bibelschulabschlüsse: bei *His People* (Graz), *Nehemiah School of Ministry* (Atlanta) und *SLA online* (Aarau). Sie war Mitglied der Freien Christengemeinde Aarau (FCG) und arbeitete dort im prophetischen Dienst und im Sozo-Dienst mit. Des Weiteren hatte sie das Privileg, im *Ufwindteam* in Baselland involviert gewesen zu sein (beginnende *Supernatural School* der Nordwestschweiz) sowie dieses Büchlein zu schreiben.

Elfi, ursprünglich aus Österreich, lebte über fünf Jahre in der Schweiz, bis es nach Wien ging ...

Buchempfehlungen:

❖   „Die 5 Sprachen der Liebe" von Gary Chapman

❖   „Gott stiftet Ehen" von Derek und Ruth Prince

❖   „Liebe in der Ehe" von Barry und Lori Byrne

❖   „40 Tage Liebe wagen" von Stephen Kendrick

Film-Empfehlungen:

❖   „Fireproof" von Alex Kendrick

❖   „Die Hütte" von Wilhelm Paul Young

👑 👑 👑 Notizen 👑 👑 👑

♛ ♛ ♛ Notizen ♛ ♛ ♛

👑 👑 👑   Notizen   👑 👑 👑

Weitere Produkte von GloryWorld-Medien

Mirjam Fischer, Lebe in deiner Bestimmung

Entdecke, was Gott in dich hineingelegt hat; 104 S., Pb.

Dieses Buch möchte dir helfen, deine Einzigartigkeit und den damit verbundenen ganz persönlichen Auftrag von Gott zu erkennen und anzunehmen. Es wird dir eine Hilfe sein auf dem Weg, deine Bestimmung zu erreichen.

Anhand bekannter Personen aus der Bibel wie Petrus, David oder Mose lernst du, wie Gott Menschen beruft und führt. Du lernst auch, Hindernisse wie Lebenslügen, Zweifel oder Entmutigung zu überwinden und deinen tiefsten Herzenswünschen zu folgen.

Ja, du hast eine wunderbare Bestimmung. Gott hat alles in dich hineingelegt, was es braucht, dieses Ziel zu erreichen. Er steht dir zur Seite und wohnt mit seinem Heiligen Geist in dir. Lass dich nicht länger aufhalten, ihm zu folgen.

Michele Perry, Liebe hat ein Gesicht

Abenteuer mit Jesus im Krisengebiet des Sudan – auf einem Bein!; Vorwort von Heidi Baker; 220 S., Paperback

Ohne linke Hüfte und linkes Bein geboren, ist es für Michele Perry „normal", das Unmögliche zu erleben.

Als Gott ihr den Auftrag gab, in den vom Krieg verwüsteten südlichen Sudan zu gehen und dort ein Waisenhaus zu eröffnen, hielten sie alle für verrückt. Aber sie erlebte Gottes Treue wie nie zuvor: Er führte sie in einen entspannten Lebensstil des Geliebtseins hinein, in dem alles möglich wird und Wunder zum Alltag gehören, ob es um seelische oder körperliche Krankheiten, mangelnde Ressourcen, Bedrohungen durch Kriminelle oder ihre eigenen Unzulänglichkeiten geht.

Heiderose B. Hofmann
Vertrau mir, mein Kind!

Alleinerziehend im Licht der Bibel; 160 S., Paperback

Viele alleinerziehende Eltern fühlen sich – selbst unter Christen – in ihrer Problematik häufig allein gelassen. Durch den tödlichen Unfall ihres Mannes selbst damit konfrontiert, lernte die Autorin mit der Zeit, Gott in ihre Situation mit hineinzunehmen. Er offenbarte ihr Schritt für Schritt sein Herz für die Alleinerziehenden. Das Buch hilft Betroffenen, mit ihrer Situation zurechtzukommen und Heilung zu finden, und gibt eine Anleitung zum Aufbau von Gruppen für Alleinerziehende.

Paul Manwaring, Die Herrlichkeit Gottes

Was sie ist und wie unser Leben davon geprägt sein kann

260 S.; Paperback; Vorwort von Bill Johnson

Gott hat eine Leidenschaft: Er möchte, dass wir seine Herrlichkeit kennen, und zwar schon hier auf Erden!

Paul Manwaring, der Leiter des apostolischen Netzwerk der Bethel Church, beschreibt seinen Weg in dieses Verlangen Gottes hinein. Er verfolgt die Spuren der Offenbarung von Gottes Herrlichkeit durch die Bibel hindurch und lädt uns ein, Moses Wunsch an Gott zu folgen: „Zeige mir deine Herrlichkeit."

„Dies könnte das ermutigendste Buch sein, das Sie je lesen werden" (Bill Johnson).

Silvan Carabin, Wer bin ich?

Meine Identität – aus Gottes Sicht; 120 S.; Paperback

Jeder strebt danach, bedeutend zu sein. Jeder strebt danach, eine Identität zu haben. Identität ist das, was uns bleibt, wenn uns alles weggenommen wird.

„Wer bin ich?" hilft dir zu verstehen, wer du in Gottes Augen bist, und zeigt dir deinen wahren Wert auf. Darüber hinaus wird es dich ermächtigen, deine wirkliche Bestimmung auszuleben und in den Lebensstil des Königreiches Gottes durchzubrechen.

Nur wer seine wahre, Gott gegebene Identität kennt, kann darin leben und die Dinge tun, welche Gott für ihn vorbereitet hat.

Wayne Jacobsen & Clay Jacobsen
Authentische Beziehungen

Die verlorene Kunst des Miteinanders; 160 Seiten, Pb.

Die Liebe der ersten Christen untereinander war sprichwörtlich. Ihr Miteinander und ihre Ausstrahlung waren ihr größtes Zeugnis.

Heute sind echte und tiefe Beziehungen rar geworden. Wir haben die Kunst, solche Beziehungen aufzubauen, verlernt oder sind nicht gewillt, die entsprechenden Kosten auf uns zu nehmen. Die Folge ist, dass unser Zeugnis nach außen schwach ist und dass viele in den Gemeinden unter Einsamkeit und oberflächlichen Beziehungen leiden.

Die Autoren erläutern, welches Modell für liebevolle, ermutigende und authentische Beziehungen wir im Neuen Testament finden, und zeigen anhand praktischer Beispiele, wie wir zu solchen Beziehungen kommen und sie pflegen können.

Wayne Jacobsen, Geliebt!

Tag für Tag in der Zuneigung des himmlischen Vaters leben
240 S., Paperback

Jeden Tag ein Leben zu führen, in dem wir völlig sicher sind, dass wir bedingungslos von Gott geliebt sind – ist das wirklich möglich, und wie sieht das konkret aus?

Wayne Jacobsen bringt uns Schritt für Schritt nahe, wie tief die Liebe Gottes zu uns tatsächlich ist. Wir entdecken dabei, dass wir nicht zu Sklaven, sondern zu Söhnen und Töchtern berufen sind. Die liebevolle Zuneigung unseres Vaters im Himmel gilt uns in allen Umständen. Wir erfahren eine lebendige Beziehung zu ihm, die uns von der Qual der Scham befreit und uns so verändert, dass wir als seine Kinder leben können.

Frank Krause, Unterordnung – Segen oder Fluch

Das Geheimnis der Macht in Gemeinde und Ehe
180 Seiten, Paperback

Das Thema „Unterordnung" spielt in der christlichen Kirche und insbesondere ihrer Sicht von Ehe eine große Rolle, aber nicht nur dort.

In jedem Miteinander von Menschen ist die Frage nach der Verteilung der Macht von entscheidender Bedeutung. Dennoch wird dieses Thema in den Gemeinden selten reflektiert und häufig wie ein Tabu behandelt, was dazu führen kann, dass Missbrauch oft entweder gar nicht als solcher wahrgenommen oder aber bagatellisiert, uminterpretiert und vergeistlicht wird.

Frank Krause, Die Schriftrolle der Liebe (Band 1)

Die Stadt der Liebe und dein Körper der Liebe
160 Seiten; Paperback

Nachdem der Autor lange um eine Offenbarung der Geheimnisse der Liebe gebetet hatte, kam eines Tages ein Engel zu ihm, der ihm die Schriftrolle der Liebe brachte.

In diesem Band wird die Schriftrolle geöffnet und gibt ihre ersten Geheimnisse preis. Sie drehen sich um die Art der Gemeinschaft – die „Stadt" –, welche die Liebe baut, sowie um überraschende Erkenntnisse über die Bedeutung unseres Körpers. Viele Aspekte des äußeren Leibes und eine ganze Reihe von inneren Organen werden besprochen. Ihre Widerspiegelung höherer Zusammenhänge und geistlicher Prozesse ist augenöffnend.

Insbesondere der Weg, auf dem Jesus den Autor auf eine Reise durch das Gehirn mitnimmt, ist überaus spannend und gibt tiefe Einblicke in den heutigen Gebrauch und Missbrauch unseres Denkapparates. Auch der Frage, warum eigentlich so viele Bereiche des menschlichen Gehirns ungenutzt brachliegen, wird nachgegangen.

Silvan Carabin, Zu gut, um wahr zu sein?

Lebe dein Leben in Freiheit als Kind Gottes!, 112 S., Pb.

In diesem erfrischenden und leichtverständlichen Buch zeigt Silvan Carabin die wahre Schönheit und Güte des Evangeliums auf und erklärt, wie herrlich, leicht und fruchtbar unser Leben sein kann, wenn wir uns ganz auf die Gnade Gottes einlassen. Wie Jesus es versprochen hat, werden Ströme des lebendigen Wassers von uns fließen.

Lass dich erfrischen und mitreißen von der Gnade, Liebe und Güte Gottes! Entdecke, wer du wirklich bist, und schöpfe neue Hoffnung! Lebe dein Leben in neuer Freiheit bewusst als Kind Gottes.

Jonathan Welton, Augen der Ehre

Befreit leben in Reinheit und Gerechtigkeit, 248 S., Pb.

Um ein Leben in Reinheit und Gerechtigkeit zu leben, braucht es keine Übungen zur Verhaltensanpassung, sondern eine korrekte Offenbarung über unsere Identität in Christus. Im zweiten Teil geht der Autor auf die Bereiche ein, die häufig Fallstricke für jeden darstellen, der nach einer gerechten Lebensführung trachtet. Und zum Schluss stellt er einen völlig anderen Ansatz vor, wie wir unsere Geschwister durch den Glauben betrachten sollten.

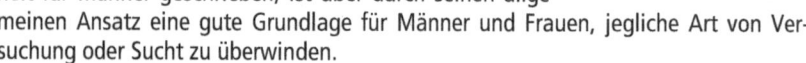

Das Buch ist zwar unter dem Aspekt der sexuellen Reinheit für Männer geschrieben, ist aber durch seinen allgemeinen Ansatz eine gute Grundlage für Männer und Frauen, jegliche Art von Versuchung oder Sucht zu überwinden.

Silvan und Melanie Carabin
Gott sucht Freunde!

Erfüllt und siegreich leben in seiner Gegenwart; 128 S., Pb.

Silvan und Melanie Carabin öffnen mit diesem Buch ein Fenster zu ihrem Herzen und lassen uns in ihren Alltag mit Gott blicken. Sie zeigen auf, wie unkompliziert eine Freundschaft mit ihm sein kann.

Ein Leben in und aus seiner Gegenwart führt zur wahren Freiheit und zu dem Leben, für das wir Menschen wirklich bestimmt sind. Auch schwierige Zeiten können wir dann siegreich durchleben.

Bestellen Sie im Buchhandel oder direkt beim Verlag:

GloryWorld-Medien | Beit-Sahour-Str. 4 | D-46509 Xanten
Fon: 02801-9854003 | Fax: 02801-9854004 | info@gloryworld.de

Aktuelles, Leseproben, Downloads & Shop: **www.gloryworld.de**